LENGUAJE CORPORAL

Cómo mejorar tus habilidades sociales

(Cómo leer el lenguaje corporal y mejorar sus habilidades sociales)

Omaro Veliz

Publicado Por Daniel Heath

© **Omaro Veliz**

Todos los derechos reservados

Lenguaje corporal: Cómo mejorar tus habilidades sociales (Cómo leer el lenguaje corporal y mejorar sus habilidades sociales)

ISBN 978-1-989853-31-3

Este documento está orientado a proporcionar información exacta y confiable con respecto al tema y asunto que trata. La publicación se vende con la idea de que el editor no esté obligado a prestar contabilidad, permitida oficialmente, u otros servicios cualificados. Si se necesita asesoramiento, legal o profesional, debería solicitar a una persona con experiencia en la profesión.

Desde una Declaración de Principios aceptada y aprobada tanto por un comité de la American Bar Association (el Colegio de Abogados de Estados Unidos) como por un comité de editores y asociaciones.

No se permite la reproducción, duplicado o transmisión de cualquier parte de este documento en cualquier medio electrónico o formato impreso. Se prohíbe de forma estricta la grabación de esta publicación así como tampoco se permite cualquier almacenamiento de este documento sin permiso escrito del editor. Todos los derechos reservados.

Se establece que la información que contiene este documento es veraz y coherente, ya que cualquier responsabilidad, en términos de falta de atención o de otro tipo, por el uso o abuso de cualquier política, proceso o dirección contenida en este documento será responsabilidad exclusiva y absoluta del lector receptor. Bajo ninguna circunstancia se hará responsable o culpable de forma legal al editor por cualquier reparación, daños o pérdida monetaria debido a la información aquí contenida, ya sea de forma directa o indirectamente.

Los respectivos autores son propietarios de todos los derechos de autor que no están en posesión del editor.

La información aquí contenida se ofrece únicamente con fines informativos y, como tal, es universal. La presentación de la información se realiza sin contrato ni ningún tipo de garantía.

Las marcas registradas utilizadas son sin ningún tipo de consentimiento y la publicación de la marca registrada es sin el permiso o respaldo del propietario de esta. Todas las marcas registradas y demás marcas incluidas en este libro son solo para fines de aclaración y son propiedad de los mismos propietarios, no están afiliadas a este documento.

TABLA DE CONTENIDO

Parte 1introducción 1

Introducción 2

Capítulo # 1 5

¿Por Qué Es Importante Analizar A La Gente? 5

Capítulo # 2 10

1. Pensandor 11
2. Sintiendo 11
3. Sensación 11
4. Intuición 12

Aplicando Las Orientaciones De Jung A Una Personalidad Completa 19

Capítulo # 3 21

Los Tipos De Personalidad Según Myers Briggs 21

Tipos De Personalidad Intj 22
Tipos De Personalidad Entj 26
Tipos De Personalidad Entp 29
Tipos De Personalidad Nfj 32
Tipos De Personalidad Infp 35
Tipos De Personalidad Enfj 37
Tipos De Personalidad Enfp 39
Tipos De Personalidad Istj 43
Tipos De Personalidad Isfj 47
Tipos De Personalidad Estj 50
Tipos De Personalidad Esfj 52
Tipos De Personalidad Istp 55
Tipos De Personalidad Isfp 57
Tipos De Personalidad Estp 60
Tipos De Personalidad Esfp 62
Haciendo Pruebas De Personalidad 64

Capítulo # 4 65

Analizando A La Gente A Través De La Selección De Palabras 65

Capítulo # 5 72

Analizando A La Gente A Través Del Lenguaje Corporal 72

Capítulo # 6 79

Detectando Gestos Al Mentir 79

¿Puede Contestar Esto? 79
Contexto Y Contenido Verbal: 81
Lenguaje Corporal De Las Mentiras: 82

Capítulo # 7 84

Analizando A La Gente A Través De Las Redes Sociales 84

Parte 2 89

Introducción 90

Capítulo 1 - Análisis De La Mente Humana 98

Capítulo 2 - Lenguaje Corporal Y Comunicación No Verbal 113

Capítulo 3 - Señales Y Habilidades Sociales 125

Conclusión 129

Parte 1

Introducción

El acto de analizar no es solamente parte de la práctica psicológica o clínica, si una persona común conoce lo básico del análisis de personalidad, y si sabe cómo funciona, no debería ser complicado para cualquier persona analizar a otra con precisión. Para algunas personas analizar a otras puede no ser un problema, pero para otras, el error de sus juicios acerca de los demás puede ocasionarles problemas y dificultades, por lo tanto esta guía le permitirá emitir auténticos juicios acerca de los demás y le ayudará a confiar en las personas adecuadas. Mucha gente confía en personajes negativos y termina en relaciones de ansiedad y problemas futuros de confianza, esta guía le ayudará a ser fuerte y a juzgar auténticamente desde el interior para analizar a los demás desde un punto de vista psicoanalítico. Después de aprender cómo analizar a los demás usted podrá responder en función de las intenciones que ellos tengan para con usted. Si usted es un escritor, abogado, médico, profesor o algún otro profesional que tiene que tratar con gente en su trabajo y su trabajo está basado en juicios, entonces esta guía le ayudará a juzgar a la gente. Por ejemplo, el trabajo de un buen escritor se basa en el análisis de los individuos y en el conocimiento de sus rasgos de personalidad. Por lo tanto, cualquiera que sea su profesión y si tiene que ver con gente, entonces esta guía le permitirá saber acerca de personalidades, su elección de palabras y conocer sus verdaderos rasgos de personalidad. Esta habilidad es sorprendente, hay siete mil millones de personas en el mundo pero no todos son iguales.

"Algunas personas pueden inspirarlo a usted, o algunas personas pueden vaciarlo – analícelos y escójalos sabiamente."

SU VIDA ES SUYA Y ES SABIO NO PERMITIR QUE INDIVIDUOS NEGATIVOS O MALICIOSOS LA DESPERDICIEN, USTED DEBE SABER CÓMO MANEJAR SITUACIONES DIFÍCILES, Y ESO SIENDO PRUDENTE.

El objetivo principal de este libro es ayudarle a refinar su experiencia social con la gente, para hacer su vida mucho más cómoda y segura. Este libro es para principiantes y está escrito en un lenguaje sencillo que le ayudará a captar la información necesaria para el análisis de personalidad a nivel principiante.

Capítulo # 1

¿Por qué es importante analizar a la gente?

El conocimiento es lo que nos permite hacer elecciones conscientes en la vida, y uno de los errores más grandes que podemos cometer es asumir que los demás piensan como nosotros pensamos, analizar situaciones de manera positiva puede serle benéfico, no se aprende nada de la vida si no sabe cómo analizar a la gente. Un estudio sugiere que la razón de muchos fracasos es juzgar equivocadamente a la gente y si una persona sabe cómo analizar a otras, puede evitar el 80% de las posibilidades de equivocación. El conocimiento social es nuestra habilidad para analizar a la gente y es lo que nos permite hacer una predicción acerca de ellos. La característica psicológica social es lo que nos permite conocer a la gente, es conjuntamente vital entender las numerosas variantes, apuntalando el discurso de cada día, como resultado de que en repetidas ocasiones los individuos quieren decir cosas completamente diferentes de lo que realmente dicen. Por ejemplo la expresión "es tan importante hoy en día", podría ser un anuncio de realidad o bien pedirle a una persona que abra una ventana a su mente, conocer a quien habla, nos gustaría adivinar las intenciones detrás de su comentario, completamente diferente de lo que realmente dice.

Los humanos siempre se miden como animales sociales aspirando a cooperar y competir dentro de los equipos para sobrevivir. Por lo tanto, la habilidad para reconocer las claves sociales y percibir los medios de conducta social podría también ser un imperativo del proceso biológico, dando como resultado el desarrollo de varias habilidades IP no sociales.

Cómo funciona esto?

Básicamente, el conocimiento social como característica psicológica implica que usted tenga la habilidad de identificar el estado mental de los otros -póngase en los zapatos de los otros. Esto ayuda a que los individuos en la vida de todos los días perciban las creencias de los otros, sus sentimientos, sus experiencias y sus intenciones. Cuando se elige un ángulo diferente de lectura somos capaces de simpatizar y confiar en las cosas.

Esto conjuntamente permite a los individuos maniobrar flexiblemente entre nuestra propia perspectiva y otra. Curiosamente, la característica psicológica social depende de información que no puede ser certificada directamente, pero puede ser inferida a partir de información que nos llega y de nuestros propios datos del mundo social.

Y cada vez más, las pruebas sugieren que la característica psicológica social implica simulación – imitando las experiencias de los otros para conocerlos. Honestamente por ejemplo, tendemos a volvernos expertos en identificar las diferentes emociones de las personas.

Cuando observamos la cara de alguien tendemos a imitar su semblante, sonriendo cuando lo hace, o mostrar descontento en concordancia. Tal imitación puede no ser obvia al observador casual , sin embargo, la activación de un músculo diminuto puede ser detectada de manera extremadamente rápida cuando se expone a una expresión emocional.

Incluso nuestros ojos se dilatan en sincronía con aquellos de los que estamos viendo.

Más imitación, dentro del cerebro mismo, los sistemas espejo de células somáticas dentro de la corteza preemptoria del lóbulo registran actividad después de ver las acciones de otros. Aparentemente tendemos a no solamente imitar pensamientos, ¡tendemos a imitar conjuntamente acciones!

Cuando en adultos sanos se hacen estudios en un escaner de imágenes por resonancia magnética y se les pide que confíen en el estado psicológico de alguien como ellos, se activa una región idéntica en el cortex anterior como cuando confían en sí mismos. Como podemos ver, otros cognitivos sociales nos ayudan a aprender de otros y nos beneficia en caso de no confiar en gente falsa o desleal. Si usted domina esta habilidad para analizar a otros, entonces la vida le sería mucho menos arriesgada y menos penosa.

Capítulo # 2

Analizando a la gente con base en los tipos de personalidad

Eeoría de la Personalidad. En esta teoría del temperamento, los psicólogos distinguen 2 tipos con perspectivas completamente diferentes: Introvertidos, se trata del tipo de gente que recibe estímulos a intervalos, y extrovertidos, el tipo de individuos que reciben sus estímulos de los alrededores.

Los introvertidos son individuos principalmente retraídos, mientras que los extrovertidos son principalmente sociables. Como ejemplo, Sarah es una mujer extrovertida la mayor parte del tiempo. Le gusta salir a aventuras increíbles y le parecen exitantes las cosas nuevas. Pero el amigo de Sarah, Jack, es lo contrario. Si tiene que escoger, él prefiere hojear un libro en su sillón antes que ir de aventura con una mujer. Jacks es todo un introvertido.

Adicionalmente, Jung clasifica

introvertidos y extrovertidos en cuatro subtipos alineados con las funciones que manejan la manera con la que entienden el planeta. Cada introvertido y extrovertido puede ser cualquiera de esos subtipos, por lo tanto suma ocho tipos de temperamento. Las cuatro funciones son:

1. Pensador

Aplica el razonamiento a las cosas y a las situaciones que usted enfrenta. Como ejemplo, a Jack le gusta pensar las cosas y considerar todas las ventajas y desventajas antes de tomar una decisión acerca de algo.

2. Sintiendo

Aplicación de una evaluación personal y subjetiva de las cosas y de las situaciones que usted enfrenta. A diferencia de Jack, Sarah depende de sus sentimientos para tomar decisiones. Si algo parece sensible, ella se inclina por ello, si no lo es, ella lo evita.

3. Sensación

Aplicando valor estético a las cosas y

situaciones que usted enfrenta. Como ejemplo, una vez que Jack decidió que organizaría su departamento acomodando las cosas totalmente simétricas. Si hay una silla en una de las caras del espacio, tiene que poner una silla idéntica en la cara opuesta del espacio para balancearlo. Esta simetría hace que el espacio se vea agradable.

4. Intuición

Usando su inconsciente o lo paranormal para captar sus experiencias. Como ejemplo, Sarah piensa que Jack acomodó sus muebles de manera equivocada. Ella piensa que el debió usar una regla, a el le gusta la filosofía antigüa, para dictar dónde ubicar sus muebles.

Entendiendo Introversión, extraversión y por lo tanto las Ocho Orientaciones

Carl Jung creó ocho diferentes tipos de temperamento. Estas orientaciones son la combinación de 2 actitudes: introversión y extraversión y 4 funciones.

En 1907, el psicólogo conoció a Freud en la capital austriaca. Carl Jung había cuestionado las ideas de Freud relativas a la interpretación de los sueños. De la misma manera a Freud le interesó la tarea de asociación de palabras con la que Jung acostumbraba percibir los procesos inconscientes de los pacientes. De hecho, Freud invitó a Carl Jung a la conferencia Clark en 1909, aparición hoy famosa, este fue el primer viaje de Freud a América.

Después de muchos conflictos acerca de la autenticidad del análisis, Carl Jung y Freud distinguieron sus posiciones acerca del mismo, y Carl desarrolló la ciencia analítica, que diferenció entre el incosciente privado y el inconsciente colectivo, que muestra los pensamientos inconscientes compartidos por todos los seres humanos. Otra contribución importante de Jung es su teoría de la Personalidad, famosa a causa de su definición de extravertido e introvertido.

Las actitudes de Intraversión y Extraversión de Jung

El primer tipo psicológico general de Jung fue el tipo de la perspectiva general. El punto de vista asociado, alineado con Carl

Jung, podría ser la predisposición de una persona de comportarse durante un procedimiento específico. Existen 2 actitudes opuestas: introversión y extraversión. Las 2 actitudes trabajan como fuerzas opuestas, pero a pesar de ello complementarias y tradicionalmente identificados como consecuencia del principio de clasificación y la norma de imagen.

El introvertido es más consciente de su mundo interno. Aún cuando el mundo externo si es percibido, no se le asigna un valor serio como aporte de energía mental hacia el interior. Los aspectos de autoexamen están además mezclados con apreciaciones subjetivas y rara vez proveen reflexiones adicionales a las fantasías y a los sueños.

En contraste, el extravertido se caracteriza por el movimiento hacia afuera de la energía mental. Este enfoque da importancia adicional al juicio robusto y se enriquece más con la influencia del entorno en su conjunto que con las características psicológicas internas.

Claramente, no se trata de un caso de 1 contra el opuesto. Muchos individuos presentan características de cada actitud, considerando tanto datos subjetivos como datos objetivos.

Las cuatro funciones del temperamento de Jung

Para un psicólogo, ha habido cuatro funciones que, una vez combinadas con las dos actitudes, conforman los ocho diferentes tipos de temperamento completamente diferentes. El primer operador -sentimientos- es aquel que permite que alguien entienda el valor de la actividad agudamente consciente. Otro operador -racionalización- permite captar el significado de las cosas. Este método depende de lógica y de cuidadosa actividad mental.

Las 2 funciones finales -sensación e intuición- pueden parecer muy similares, sin embargo, existe una distinción vital. La sensación se refiere a los medios por los que ese alguien es consciente de la existencia de las cosas, mientras que la intuición sabe de las cosas sin estar perfectamente consciente del origen de la información.

Los ocho tipos de temperamento perfilados por psicólogos

- Extrovertido pensador – La teoría de Carl Jung es que los individuos perciben el mundo a través de una combinación de ideas concretas y abstractas, sin embargo el conjunto de las ideas abstractas proviene de otros. A los pensadores extrovertidos suele encontrárseles funcionando en ciencias analíticas y la aritmética.
- Introvertido pensador – Este tipo de personas interpretan los estímulos del entorno a través de un método subjetivo e ingenioso. La sabiduría de las interpretaciones proviene de información interna y del entendimiento. Aquí encontramos reunidos a filósofos y científicos teóricos, individuos típicamente orientados a la reflexión y al autoexamen.
- Extrovertido emocional – Estos individuos deciden que el valor de las

cosas es el soporte de la realidad objetiva. Cómodos en asuntos sociales, suelen emitir sus opiniones basados en valores socialmente aceptados y en la creencia de la mayoría. Se les encuentra clásicamente desempeñándose en negocios y en política.

- Introvertido emocional – Estos individuos crean juicios basados en ideas subjetivas y en creencias internas. Suelen ignorar las actitudes prevalecientes y desafían normas sociales de razonamiento. Los introvertidos emocionales prosperan en carreras tales como críticos de arte.
- Extrovertido sensible – Estos individuos entienden el mundo a través de lo que existe. Sus percepciones no están matizadas por ninguna creencia pre-existente. Trabajos en los que se requieren revisiones objetivas, tales como catadores de vino y revisores de textos son ideales para individuos extrovertidos sensibles.

- Introvertido sensible — Este tipo de personas interpretan el mundo a través de la óptica que dan las actitudes subjetivas y apenas ven las cosas como son. Estos individuos crean una sensación del entorno dándole sentido con reflexión interna. Individuos introvertidos sensibles se dedican a una variedad de artes, como retratistas y músicos.
- Extrovertido intuitivo — Estos individuos favorecen la percepción del significado de las cosas a través de la percepción subliminal de la realidad objetiva, en lugar de hacerlo a través de los datos sensoriales que recibe del exterior. Favorecen las corazonadas y rara vez ignoran lo que sus sentidos les hacen entender. El tipo de los intuitivos extrovertidos caracteriza a los inventores que crean después de un golpe de imaginación, también algunos reformistas espirituales.
- Introvertido intuitivo — Carl Jung pensó que estas personas están profundamente infuenciadas por sus

motivaciones internas aún cuando no las perciban totalmente. Encuentran el significado a través del inconsciente y de ideas subjetivas del mundo. Individuos introvertidos intuitivos integran gran parte de los artistas místicos y fantasmagóricos, así como fanáticos no religiosos.

Aplicando las orientaciones de Jung a una personalidad completa

Típicamente, una persona no queda definida con solamente uno de los ocho tipos de temperamento. En cambio, todas las funciones coexisten en una jerarquía. Un operador puede tener un impacto superior mientras otro puede tener un impacto secundario. Normalmente, coincidiendo con Car Jung, los individuos usan primordialmente dos funciones. Las dos opuestas ocupan posiciones inferiores. Carl Jung, en su trabajo de 1921, Tipos Psicológicos, comparó las cuatro funciones del temperamento con los cuatro puntos cardinales. Aún cuando se mire hacia una dirección, todavía se usan los puntos opuestos como guía. La mayoría de la gente conserva un operador porque es el dominante, aunque algunas personas desarrollan dos con el tiempo. Solamente aquel que consigue realizarse es el que desarrolla completamente las cuatro funciones.

Capítulo # 3

Los tipos de personalidad según Myers Briggs

En el Indicador de Tipo de Myers-Briggs, el paso uno está basado en la teoría de Carl Jung de los tipos psicológicos. Indica sus preferencias personales en cuatro dimensiones: donde se enfoca su atención puede ser Extraversión (E) o Introversión (I). Paso dos basado en los 16 tipos presentados abajo y paso tres que tiene que ver con las pruebas de personalidad. Estas pruebas están disponibles en línea y con esas pruebas usted puede consultar su tipo de personalidad o bien el de cualquier otra persona.

Los 16 tipos de personalidad descritos

ESTJ	**ISTJ**	**ENTJ**
ESTP	**ISTP**	**ENTP**

ESFJ   ***ISFJ***   ***ENFJ***
ESFP   ***ISFP***   ***ENFP***

Tipos de personalidad INTJ

Son seguros y están más cómodos cuando están solos, pero no son los que brillan socialmente. Es mejor cuando se encuentran cómodos, p.ej. lejos de la luz de los reflectores.

Los tipos INTJ son ("El Arquitecto")

Estar solo en su máximo, y ser uno en cada una de las variedades más raras y estratégicamente capaces, los del tipo INTJ lo reconocen muy bien. El tipo INTJ constituye solamente el 2% de la población y las mujeres con este tipo de temperamento son extremadamente raras, conformando el 0.8% de la población – generalmente es un reto para ellas buscar personas similares, pero están dispuestas a mantenerse con su intelectualismo incesante y maniobras ajedrecísticas. Los individuos con el tipo de temperamento INTJ son creativos pero decisivos, formidables pero no públicos, sorprendentemente curiosos, sin embargo no son avaros de su energía.

Nada los detendrá de la perspectiva trazada para alcanzar su objetivo, a los INTJ les gusta compartir, seguros de dominar los temas que ha elegido, sin embargo, a causa de sus características intuitivas (N) y de juicio (J), les gusta enfocarse en su campo en lugar de compartir opiniones acerca de distracciones sin interés como rumores. Sedientos naturalmente por información que se muestra temprano en sus vidas, los INTJ son ratas de biblioteca cuando son jóvenes, disfrutan grandemente su amplio y profundo acervo de información.

"Tu no tienes derecho a tu opinión, tu tienes derecho a tu opinión informada. Nadie tiene derecho a ser ignorante"- Harlan Ellison

Tipos de personalidad INTP

El tipo de temperamento INTP es bastante raro, constituye solamente el 3% de la población que es sin lugar a dudas un problema para ellos, ya que no tienen nada de común. El orgullo de los INTP yace en su creatividad y pensamiento creativo, su perspectiva diferente e intelecto vigoroso. Típicamente se hace referencia a ellos como pensadores, diseñadores, o el profesor soñador, los INTP responden por varios descubrimientos científicos a lo largo de la historia.

Los individuos INTP son notables por sus buenas teorías y lógica implacable – en realidad se les concibe como los más lógicos y meticulosos entre todos los tipos de temperamento. Definitivamente los individuos INTP no son como sal en grano.

Compartir pensamientos que no están totalmente desarrollados, usar a los demás como caja de resonancia para conceptos y teorías en cada diálogo consigo mismos en lugar de verdaderos compañeros de discurso. Dejar que la gente que podría mover el avión comience moviéndose ella misma.

Además, con Pensamiento (T) sumado a sus rasgos gobernantes, los individuos INTP no recibirán quejas emotivas, y sus amigos no notarán ningún fundamento de apoyo emocional en ellos. Individuos con el tipo de temperamento INTP prefieren crear una serie de sugerencias lógicas como vía para resolver problemas, esta perspectiva no es siempre muy bien recibida por los colegas Sentimentales (F). Esto puede ir en contra de la mayoría de las convenciones sociales y metas, como organizar cenas o bodas, ya que los individuos INTP se implican mucho más con la originalidad y con el resultado económico.

Tipos de personalidad ENTJ

Su tiempo está predeterminado, por lo tanto no lo desperdicie viviendo la vida de otro. No use el árbol de decisiones establecido por dogma – que subsiste con los resultados del pensamiento de diferentes personas. No permita que el ruido de las opiniones de los otros resuene con su propia voz interna. Y lo más importante, haga que su espíritu siga su corazón y su intuición.

"Tenga el coraje de seguir su corazón y su intuición. Ellos de algún modo ya saben qué es lo que usted realmente quiere. Todo lo demás es secundario."

— Steve Jobs

Los individuos ENTJ son líderes naturales. Los individuos con este tipo de temperamento representan las calidades de atracción y confianza y proyectan autoridad de manera sobrada que permite atraer muchedumbres persiguiendo un objetivo. Sin embargo, y contrario a su contraparte Sentimiento (F), los ENTJ exhiben un nivel de racionalización sn piedad, que les guía con mentes agudas y

determinadas que les permite conseguir cualquier meta que se hayan fijado. Tal vez es mejor que sólo constituyan el 3% de la población, de ese modo es menor el apabullamiento de los abundantes y variados temperamentos tímidos y sensitivos que componen el resto del planeta – sin embargo tenemos que agradecerles a los ENTJ por el establecimiento de muchas de las empresas e instituciones que damos por seguros hoy en día. Ellos se sienten felices alcanzando sus objetivos, les encantan los retos y piensan que si tuvieran tiempo suficiente y los recursos adecuados entonces podrían cumplir cualquier meta. Esta calidad hace de los individuos con temperamento ENTJ emprendedores sensibles, con su habilidad para pensar estratégicamente y mantener un enfoque casi permanente sin importar el castigo físico, el dar cada paso de su plan con decisión y exactitud los hace poderosos líderes de negocios.
Les encanta castigarse, lo que sugiere que van a empujar a los demás

acompañándolos en su camino, consiguiendo finales espectaculares en su método.

Las mesas de negociación, el medio empresarial o la compra de un automóvil representan un reto para ellos. Son del tipo dominante e implacable debido a su naturaleza lógica. La batalla de ingenios, el ambiente que prevalece en su entorno, y si acaso la faceta opuesta no puede mantener el ritmo, no es razón para que los ENTJ se plieguen en su propio dogma de triunfo final.

Cultivando la Ciencia de las Relaciones Humanas

En público, no muestran sus emociones y esto es debido al componente extrovertido E del tipo de personalidad que presenta una amplia franja de individuos. En entornos muy especializados los individuos ENTJ simplemente aplastan la sensibilidad de aquellos a los que reconocen ineficientes, incompetentes o flojos. Para individuos con temperamento ENTJ, las manifestaciones emocionales son muestra de debilidad, y es muy sencillo ganarse enemigos con esta actitud – los individuos ENTJ confían totalmente en tener un equipo funcional, no solamente para cumplir sus objetivos, además para validarse y retroalimentarse, algo para lo que los ENTJ son muy sensibles.

Los individuos ENTJ son verdaderas fuentes de poder, y cultivan la imagen de ser más grandes que la vida – y a veces eso es suficiente.

Tipos de Personalidad ENTP

El tipo de personalidad ENTP se define como el abogado del diablo, porque lo hacen de manera tan suave para hacerlo visible a todos, en comparación con sus juicios las contrapartes determinadas (J), los individuos ENTP no lo hacen buscando un propósito más profundo o un objetivo estratégico, lo hacen por la sencilla razón de que es divertido. Nadie disfruta más el método de contrincante mental que los individuos ENTP porque les permite ejercer su buen juicio veloz, su objeto mental ampliamente acumulado, y su capacidad para conectar diversas ideas para apoyar sus opiniones.

Una rara yuxtaposición surge con los individuos ENTP, totalmente honestos como son ellos, discuten infatigablemente por cosas en las que no creen completamente, poniéndose en los zapatos de otros para argumentar desde la perspectiva de otro.

Hacer de abogado del diablo permite que los individuos con temperamento ENTP no solamente desarrollen un sentimiento mejorado del razonamiento de los otros, sino que les pemite entender mejor ideas opuestas ya que los individuos ENTP pueden inclinarse hacia cualquier lado.

Esta maniobra no debe ser confundida con el afecto mutuo que los Diplomáticos reciben – los individuos ENTP, como todas las clases de analistas de temperamento, están continuamente buscando información, y ¿qué más grande ganancia que atacar y defender una opinión desde cada ángulo y cada lado?

No hay reglas aquí - ¡Estamos tratando de lograr algo!

Disfrutando particularmente el ser una persona sin éxito, los individuos ENTP se deleitan con el ejercicio mental de cuestionar el modo prevaleciente de pensamiento, haciéndose irremplazables para la transformación de los sistemas existentes o agitando y empujando las cosas hacia nuevas e ingeniosas direcciones.

Tipos de Personalidad NFJ

EL tipo de personalidad NFJ es increíblemente raro, constituyendo una centésima parte de la población, a pesar de lo cual dejan su huella en el planeta. Como diplomáticos, requieren lo que los distingue, el atributo casual de toma de decisiones (J) – los individuos INFJ no son soñadores en reposo, son sujetos capaces de dar pasos concretos para el entendimiento de sus objetivos y construir un impacto positivo duradero.

El propósito en la vida de los individuos INFJ tiende a ser servir a los otros, aunque sujetos con este tipo de temperamento pueden ser encontrados participando en labores de rescate y haciendo obras de caridad, su verdadera pasión es adentrarse al centro de los problemas de la gente que no los reclama.

De modo que los individuos INFJ comparten una novedosa combinación de rasgos: aunque son suaves, necesitan opiniones bastante robustas y pueden luchar incansablemente por un concepto en el que creen. Son individuos decisivos y tenaces, rara vez usan esa energía para ganancias privadas - -individuos INFJ pueden actuar con poder, imaginación, covicción y sensibilidad pero no para obtener ventaja sino para lograr un balance. Para los individuos INFJ, los conceptos de escuela de pensamiento y destino son muy comprometedores, ellos creen que nada ayudaría más al planeta que amor y compasión para derretir el corazón de los tiranos.

Para los individuos INFJ es fácil conectar con otros y tienen talento para usar un lenguaje caluroso y sensible, hablando en términos humanos, en lugar de hacerlo con pura lógica y verdad. Sus colegas y amigos los consideran más bien extrovertidos, sin embargo es necesario reconocer que a los individuos INFJ les gusta pasar tiempo solos para liberar presión y recargarse evitando asustarse después de retirarse súbitamente. Los individuos INFJ suelen encargarse de los sentimientos de los otros, y esperan la opción de regresar -lo cual significa típicamente darles su casa por un par de

días. Ellos viven para pelear otro día...
"Cada hombre debe decidir si caminará a la luz del altruismo creativo o en la oscuridad del egoísmo destructivo."
Martin Luther King

Tipos de personalidad INFP

Los individuos con pesonalidad INFP son verdaderos idealistas, en búsqueda perpetua de la mínima señal de bondad aún en los peores individuos y sucesos, eligiendo las maneras de hacer crecer las cosas. Aún cuando se les percibe como calmados, reservados, o tal vez conservados, los individuos INFP tienen una flama interior y un fervor con los que realmente brillan. Conforman solamente un cuarto de la población y tristemente están en gran riesgo de sentirse mal comprendidos, sin embargo al notar que hay individuos como ellos con quienes pueden pasar tiempo, se sienten en armonía lo cual es una fuente de alegría e inspiración.

Siendo parte del grupo de temperamento diplomático, los individuos INFP se guían por sus principios, en lugar de hacerlo por la lógica (analistas), o por la excitación (exploradores), o por su utilidad (centinelas). Una vez que han decidido cómo avanzar, harán lo necesario para honrar belleza, moralidad y virtud – los

INFP miden su éxito por la pureza de su intención, no por la recompensa o el castigo. Aquellos que compraten el temperamento INFP miden falicidad con esta calidad, por lo tanto y justamente, no cualquiera entiende el empuje detrás de estos sentimientos, lo que ocasiona aislamiento.

Sabemos que tenemos una tendencia, sin embargo, no captamos hacia qué tendemos, en el mejor de los casos estas cualidades alteran a los INFP para hablar con profundidad con otros, hablando simplemente con metáforas y parábolas, entendiendo y haciendo símbolos para compartir sus ideas. La fuerza de esta moda de comunicación intuitiva se presta bien para trabajos artísticos, no es sorprendente que muchos INFP famosos son poetas, escritores y actores. Para los individuos INFP es importante entenderse a si mismos así como su lugar en el mundo, y que exploran estas ideas dedicándose a su trabajo.

Afortunadamente, tal como las flores en primavera, la calidez de los INFP, su creatividad, generosidad e idealismo pueden regresar perpetuamente, aprecian su propia persona, así como a aquellos que aman tal vez sin lógica ni utilidad, pero si desde una posición que evoca compasión, generosidad y dulzura a donde quiera que vayan.

Tipos de personalidad ENFJ.

Los individuos ENFJ son líderes naturales, empacados con pasión y atracción. Integran alrededor del 2% de la población, les gusta dar la bienvenida, ser consejeros y mentores, buscando y motivando a los demás para sensibilizarlos al mundo. Son naturalmente confiados engendran influencia, son orgullosos y siempre se alientan a sí mismos como a quienes están a su alrededor. Creen firmemente en el individuo, la habilidad de los ENFJ para examinar supera la disyuntiva lo que lo hace por lo menos facilitador. Cuando esto ocurre , es vital para los ENFJ detenerse un poco y usar esa auto reflexión para diferenciar entre lo que realmente sienten, y ese es un problema separado que tiene que ser verificado desde otra perspectiva.

Los individuos ENFJ son unilaterales, que se preocupan, que dicen lo que hay que decir y caminan lo que hay que caminar, nada los hace más felices que liderar el ataque, unificando y motivando a su equipo con entusiasmo contagioso. La gente con el tipo de temperamento ENFJ son altruistas desapasionados, generalmente no les da miedo requerir las herramientas necesarias para defender los conceptos e individuos en los que creen. No es de sorprender que muchos ENFJ notables son presidentes de los EEUU – este tipo de temperamento necesita ser guía hacia un futuro más brillante, ya sea como líder de una nación hacia la prosperidad, o guiando un equipo de softball a un final sólido.

Tipos de Personalidad ENFP

El temperamento ENFP puede ser un verdadero alguien. Son generalmente el alma de la fiesta, sin embargo, contrastando con los exploradores, están menos fascinados por la exitación pura y por el placer del instante en el que se encuentran, disfrutando las conexiones emocionales y sociales que crean con los demás. Son encantadores, independientes, enérgicos y compasivos, integran el 7% de la población y su presencia se siente en cualquier multitud.

Pueden realizar cualquier modificación en el mundo con un plan sencillo.

Son más que individuos sociables a quienes les gusta complacer gente, los individuos ENFP, como a sus primos diplomáticos, tienen una calidad intuitiva, lo que les permite leer entre líneas con curiosidad y energía. Tienden a concebir la vida como un rompecabezas enorme y avanzado donde todo está conectado – Los ENFP ven a través de un prisma de sentimientos, compasión y misticismo, buscando siempre un sentido más profundo.

Los individuos ENFP son ferozmente independientes, suficientemente estables y seguros, cultivan reflexión y libertad.

Muchas variedades alternativas buscan estas calidades irresistibles, y si acaso encuentran una causa que enciende su imaginación, los ENFP pueden aportar la energía que frecuentemente los pone en la luz de los reflectores, señalado por sus colegas como cabeza de pelotón y un gurú – sin embargo esto no es lo que todo ENFP amante de la independencia requiere. Es peor si se encuentran molestados por las tareas ejecutivas y rutinas de mantenimiento que acompañan a una posición de liderazgo. Individuos ENFP dependen de ellos mismos para encontrar soluciones originales, son llevados a entender rápidamente que requieren de la libertad para ser innovadores – perderán rápidamente la paciencia o serán nulificados si se les encasilla en un rol extremadamente aburrido.

No pierdas esa pequeña chispa de locura
Afortunadamente, los individuos ENFP

saben relajarse, y saben que son capaces de cambiar de soñadores celosos a alguien inventivo y ansioso, típicamente de manera precipitada de modo que puede sorprender a sus amigos más cercanos. Siendo parte del grupo les da la oportunidad de atacar mostrando a los demás emociones, esto les permite tener una valiosa percepción acerca de lo que motiva a sus amigos y colegas. Ellos creen que todo el mundo tiene que darse el tiempo para reconocer y especificar sus sentimientos y su simpatía, menos creativo que un tópico de lenguaje natural.

El tipo de temperamento ENFP debe tener cuidado, pero si retiene su intuición en demasía, asume o anticipa una gran cantidad de las motivaciones de sus amigos, podría leer equivocadamente las señales frustrando así planes que pudieron haberse realizado de manera más sencilla con enfoques menos complicados. Este tipo de estrés social es la pesadilla que despierta a los diplomáticos quienes siempre se enfocan en la harmonía. Los individuos ENFP son terriblemente emocionales y sensibles, y una vez que han leído a alguien, lo sienten como si fueran ellos mismos.

Los sujetos ENFP pueden dedicarle mucho tiempo a la exploración de las relaciones sociales, de los sentimientos, e ideas antes de que se den cuenta de una cosa verdadera. Sin embargo, una vez que se dan cuenta de cuál es su lugar en el mundo, su imaginación, simpatía y valentía son los valores que probablemente producirán resultados inimaginables.

Tipos de Personalidad ISTJ

"Mi observación es que cuando se encuentra a una persona adecuada para la realización de una tarea...la misma tarea es realizada de peor manera por dos personas, y rara vez realizada si acaso cuando tres o más personas se emplean en ello ".

George Washington

El tipo de temperamento ISTJ se cree que es el más completo, constituye alrededor del 13% de la población. Las características que le dan forma son integridad, lógica sensible y dedicación infatigable a la realización de las tareas. Los individuos ISTJ constituyen el núcleo importante en varias familias, como organizaciones que mantienen tradiciones, reglas y estándares, por ejemplo oficinas de abogados, órganos reguladores y militares. Los individuos con el temperamento ISTJ disfrutan haciéndose responsables por sus acciones y se implican en el trabajo que hacen – una vez que proceden hacia una meta, los individuos ISTJ no desperdician ni tiempo ni energía para terminar con precisión y paciencia todas las tareas relevantes.

Los individuos ISTJ no elaboran conjeturas, prefieren, en lugar de ello, investigar su entorno, verificar los hechos y lograr rutas de acción razonables. La personalidad de los ISTJ es directa, una vez que han tomado una decisión, van a realizar las acciones necesarias para cumplir su meta, esperando que los demás comiencen a actuar. Los individuos ISTJ son poco tolerantes a la indecisión y pierden paciencia rápidamente si el camino que han trazado es desafiado con teorías imprácticas, particularmente si se ignoran detalles clave - si los retos se convierten en largos debates, entonces los sujetos ISTJ se molestan perceptiblemente mientras las fechas límite se aproximan.

Si tienes algún aprecio por tu nombre...asóciate con aquellos de buena calidad

Cuando un individuo ISTJ dice que hará algo en particular, es porque lo hará, cumpliendo con sus obligaciones a pesar de las actitudes ocultas, y del desconcierto causado por individuos que no tienen respeto por su propia palabra. La mejor manera de despertar el peor lado de un ISTJ es combinar pereza y deshonestidad. En consecuencia, los individuos con el tipo de temperamento ISTJ típicamente prefieren trabajar solos, o por lo menos, dejan establecida claramente su autoridad a través de la jerarquía, para no tener que preocuparse por la irresponsabilidad de otros.

Los individuos ISTJ tienen opiniones agudas, basadas en hechos, les gusta la autonomía y la independencia para no depender de nadie ni de nada. Dependen tanto de otros y eso es precisamente su debilidad, les gusta el deber y ser responsables.

Este sentimiento de integridad privada es central para los sujetos ISTJ, y rebasa su propia voluntad – los individuos con personalidad ISTJ acatan reglas establecidas, sin importar el precio que haya que pagar, anuncian sus propios errores y siempre se apegan a la realidad a pesar de las implicaciones. Para los ISTJ la honestidad es más que necesaria. Ser tan emotivo y franco suele ser desventajoso, gente con este tipo de personalidad podría tener problemas para externar sus sentimientos, la sugerencia de que no sienten, o peor aún que no tienen temperamento, es profundamente hiriente.

Es mejor estar solo que mal acompañado
Los individuos ISTJ tienden a guardar sus opiniones para ellos y dejan que los hechos hablen, aunque puede pasar mucho tiempo antes de que las pruebas evidentes cuenten toda la historia.

A los individuos ISTJ debe obligárseles a tener presente que requieren cuidarse – su obstinada dedicación a la estabilidad y potencia comprometerá sus objetivos a largo plazo mientras los demás se apoyan cada vez más en ellos.

Tipos de Personalidad ISFJ

El amor únicamente puede crecer si es compartido. Podrás tener suficiente para tí solamente si das amor a los demás.

Brian el historiador

El tipo de temperamento ISFJ es diferente, ya que muchas de sus cualidades desafían la definición de sus rasgos individuales. Aún cuando los individuos ISFJ poseen el atributo de la sensación (F), tienen estupendas habilidades analíticas; aún cuando son introspectivos (I), requieren habilidades individuales bien desarrolladas y relaciones sociales sólidas; y aún cuando son del tipo tomadores de decisiones (J) los ISFJ son típicamente receptivos a la variación y a conceptos nuevos. Como con muchas otras cosas, los individuos con temperamento ISFJ usan sus elementos, y la manera en que usan sus fortalezas define QUIÉNES son.

Esta clase de gente es verdadera, disfrutan la amabilidad y la humildad cuando se reúnen. Creen en generosidad y entusiasmo.

Las personalidades ISFJ (especialmente los

turbulentos) son particularmente meticulosos acerca del temperamento, y a pesar de que son procrastinadores, serán objeto de confianza para terminar las tareas en tiempo. Los individuos ISFJ asumen sus responsabilidades en persona, sistemáticamente llegando tan alto y lejos como sea posible, haciendo todo lo posible para exceder las expectativas y complacer a los demás, tanto en el trabajo como recibiendo.
Debemos ser vistos para ser creídos.
El reto para los ISFJ es garantizar que lo que hacen sea detectado. Necesitan ser forzados para no excederse en sus logros, y aún cuando su gentileza es comunmente venerada, muchos individuos desconfiados que se buscan a sí mismos se aprovechan de la dedicación y humildad de los ISFJ forzándolos a hacer trabajo por el que toman el crédito. Los individuos ISFJ deben ser obligados a entender que pueden decir no y a ponerse de pie si cuidan su propia confianza y entusiasmo...cuando implica dar regalos, los individuos ISFJ no tienen igual,

victimizan su imaginación y de manera natural pueden ser verdaderos colegas de trabajo, es en su familia donde sus corazones florecen.

Es el tipo de personalidad si te voy a defender, lo haré.

Tipos de Personalidad ESTJ

El orden es el fundamento de todas las cosas.

Edmund Burke

Los individuos ESTJ son amantes de las tradiciones y del orden, tienen su propia comprensión de lo que está bien y de lo que está mal, aprecian honestidad, dignidad y trabajar con dedicación, y eso es fácilmente visto en su personalidad. Alegremente guiarán en situaciones problemáticas. Se enorgullecen de los individuos transferibles, los individuos ESTJ típicamente asumen el rol de organizadores en la comunidad, operando activamente para involucrar a todos en la celebración de eventos muy apreciados, o bien en la defensa de valores normales que permiten unir familias y comunidades. Los individuos ESTJ reaccionan a su entorno y aportan un mundo de hechos claros y verificables – la certeza de su información implica que aún frente a resistencia significativa, permanecen apegados a sus principios y presentan una visión clara de lo que es aceptable y lo que no es aceptable. Sus opiniones no son simple retórica, ya que los individuos ESTJ están dispuestos a enfrentar las situaciones más difíciles, preparando planes de acción e identificando detalles del cómo, enfrentar las tareas más difíciles parece directo y realizable.

El reto principal para los ESTJ es reconocer que no todos siguen un camino equivalente o contribuyen de la misma manera. Un líder verdadero reconoce las fortalezas del individuo y del grupo, y ayuda a poner esas fortalezas sobre la mesa. De ese modo los ESTJ tienen todos los hechos y están listos para liderar las fuerzas en las direcciones que funcionen para todos.

Tipos de Personalidad ESFJ

Los que comparten el tipo de temperamento ESFJ son, a falta de una mejor palabra, modernos – eso está bien, aunque se trata de un tipo de temperamento muy común, constituyen el 12% de la población, se les identifica en las escuelas como líderes que marcan el paso, al centro de los reflectores y guiando a sus grupos hacia delante al triunfo y la fama. Más tarde en la vida, los ESFJ aún se deleitan apoyando a sus amigos idolizados, organizando reuniones sociales y haciendo lo mejor posible para hacer felices a los demás.

En sus corazones, los individuos con personalidad ESFJ son criaturas sociales y prosperan hasta la actualidad con lo que sus amigos hacen.

Probablemente discusiones acerca de teorías científicas o política europea no cautivarán el interés de individuos ESFJ por mucho tiempo. El área de interés de los ESFJ es la moda y cómo se ven, su posición en la sociedad y por lo tanto la posición de los otros. Cuestiones de sensiblería y rumores son su día a día, sin embargo, los individuos ESFJ hacen todo lo posible para usar sus poderes permanentemente.

Respetando el conocimiento del Liderazgo Los individuos ESFJ son altruistas, toman seriamente su responsabilidad para asistir e intentar en la medida correcta. A diferencia de sus colegas diplomáticos, los individuos con temperamento ESFJ basan su brújula ética en tradiciones establecidas y en leyes, en la autoridad establecida y en reglas, en lugar de obtener su moralidad de la filosofía o del misticismo. Para los individuos ESFJ es vital recordar que cada individuo proviene de diferentes pasados y perspectivas, lo que puede ser correcto para ellos no es necesariamente la verdad absoluta.

A los individuos ESFJ les gusta ser útiles, disfrutan cualquier papel que les permita participar de manera sustantiva, mientras comprenden que son valorados y apreciados. Esta puede ser una percepción aparente muy particular, y los individuos ESFJ construyen compañeros leales, devotos y duraderos. Las personalidades

ESFJ respetan jerarquía y hacen lo que esté a su alcance para posicionarse con algo de autoridad, al recibir y en el trabajo, que les permite tener las cosas claras, estables y en orden para todos.

¡Las fechas de juego no son solo para los niños!

Los individuos ESFJ son comprensivos y extrovertidos, en una celebración llaman invariablemente la atención – ¡son aquellos que encuentran el tiempo para hablar y reírse con todos! Aportando armonía y estabilidad al grupo.

Tipos de Personalidad ISTP

Los individuos ISTP exploran ideas a través de hacer las cosas, de equivocarse, del ensayo y error y de hacer las cosas ellos mismos. Disfrutan estar con gente, por ejemplo, pueden tener enfermeros en sus casas y no les molesta que estén invadiendo su espacio. Por supuesto, con la condición que esas personas no interfieran con los principios de libertad de los ISTP, y pueden entender que los ISTP regresen el interés de manera similar.

A los individuos ISTP les gusta tender la mano y compartir su experiencia, particularmente con gente que les importa, y es una pena que sean tan poco comunes, conformando solamente el 5% de la población. Mujeres ISTP son particularmente raras, y no ajustan a la imagen de rol de género que la sociedad espera – se les ve frecuentemente como mujeres varoniles desde jóvenes. Se atreven a disentir, mientras sus tendencias mecánicas los construirán aparentemente fácilmente, los individuos ISTP son literalmente bastante enigmáticos.

Amistosos y terriblemente personales, calmados y súbitamente espontáneos, extraordinariamente curiosos pero incapaces de permanecer enfocados en estudios formales, las personalidades ISTP son difíciles de predecir, aún por sus amigos y admiradores. Los individuos ISTP parecerán increíblemente leales y estables por un minuto, sin embargo tienen la tendencia a almacenar energía impulsiva que explota de una sola vez, dispersando su interés en varias nuevas direcciones. Donde quiera que trabajen con amigos sensibles que perciben su impredecibilidad y moda del momento, combinando su poder, sentido del humor y enfoque activo para hacer soluciones sensibles así como las cosas, puede proveerle a los individuos ISTP muchos años felices para construir bloques de apoyo – y amarlos desde la piel.

Tipos de Personalidad ISFP

Los tipos de temperamento ISFP corresponden a verdaderos artistas, pero no en el sentido típico donde se les ve afuera pintando alegremente pequeños árboles. Aunque si son capaces de hacer esto. Más bien, ellos usan la estética, el estilo e incluso sus decisiones y acciones para empujar los límites de la convención social. A los individuos ISFP les gustan las desconcertantes antiguas expectativas con experimentos en belleza y conducta – es muy posible que hayan expresado la frase "No encierren a Maine". Los individuos ISFP son sensibles a los sentimientos de otros y aprecian la armonía. Cuando enfrentan críticas, es un reto para sujetos con este tipo de temperamento ser retirados del instante con anticipación suficiente parta no quedar atrapados en el calor del instante.

Se le encuentra significado a cada expresión de la vida

El reto más grande que enfrentan los sujetos ISFP vendrá a largo plazo. Encontrando ideas constructivas para sustentar sus metas y enfrentando objetivos que hagan pricipios positivos no es ninguna tarea pequeña. Diferente a cualquier centinela, los ISFP no acomodan su futuro en términos de bienes materiales y jubilación. En su lugar, ellos acomodan acciones y conductas como contribuciones hacia una manera de identificarse, construyendo un portafolios de experiencias, no de acciones financieras.

Si esas metas y principios son nobles, los individuos ISFP actuarán con caridad maravillosa y desinteresadamente – aunque es posible que individuos con el temperamento ISFP establezcan una identidad adicional centrada en ellos mismos, actuando mezquinamente, manipuladores y egoístas. Es vital para los ISFP recordar que deben ser las personas que necesitan ser. El desarrollo y mantenimiento de un hábito de reemplazo puede no venir naturalmente, sin embargo tomando el tiempo día a día para conocer su motivaciones les permite a los ISFP usar sus fortalezas para perseguir sin importar lo que les gusta. Los individuos ISFP continuamente captan simplemente el halago que derretirá un corazón que se prepara para decidir sus riesgos caprichosos o descuidados.

Tipos de Personalidad ESTP

La vida o es una intrépida aventura o no es absolutamente nada.

Helen Keller

En algunas ocasiones la acción y observación rápidas son simplememte lo que se requiere, como en algunos entornos de negocio, particularmente en emergencias.

Si los individuos ESTP no son lo suficientemente cuidadosos, quedarán atrapados en el momento, tomando las cosas de una manera, y pasando un montón de individuos sensibles, o bien olvidar que necesitan ocuparse de su propia salud y seguridad. Constituyen solamente el 4% de la población, hay apenas suficientes ESTP para que las cosas sean picantes y competitivas, y no una cantidad tan grande que represente un riesgo general.

Los individuos ESTP están llenos de pasión y energía, complementados con una mente racional típicamente distraída. Son líderes de grupo naturales, inspiracionales, convincentes y llenos de color, atraen a todo mundo por el camino menos recorrido llevando consigo vida y exitación a donde quiera que van. El verdadero reto de los ESTP es usar con precisión estas cualidades hacia un fin constructivo y de calidad.

Los tipos de temperamento ESTP siempre tienen un efecto en su entorno inmediato - el más efectivo gracias a que son identificados en celebraciones donde aparecen moviéndose de prisa de lado a lado y de grupo en grupo. Los individuos con personalidad ESTP disfrutan siendo el centro de la atención entreteniendo con su alegría y agudo humor. Si alguien es solicitado en la escena, un individuo ESTP será voluntario – o invitará como voluntario a un amigo.

Los individuos ESTP no se interesan por mucho tiempo en discusiones acerca de teorías, ideas abstractas o pesadas elaboraciones acerca de la situación internacional y sus implicaciones. Los ESTP mantiene un lenguaje verbal enérgico, con una dosis decente de inteligencia, aún cuando prefieren decir qué es – o mejor, simplemente irse. Ellos siempre piensan y planean antes de actuar, les encanta arreglar sus errores en lugar de perder tiempo ellos invierten tiempo en auto-corrección.

Tipos de Personalidad ESFP

Yo soy egoísta, impaciente y un poco inseguro. Cometo errores, estoy fuera de control y a veces soy difícil de controlar. Pero si no puedes controlarme en mi peor momento, entonces con toda seguridad no me mereces en mis mejores momentos.
Marilyn Monroe
Si alguien ha de ser encontrado irrumpiendo en canción y baile, ese ha de ser alguien con temperamento ESFP. Los individuos ESFP se ven atrapados en la exitación del momento y necesitan que todos los demás se sientan del mismo modo también. Ninguno de los otros tipos de temperamento es tan generoso con su tiempo y energía como son los ESFP, cuando se trata de animar a otros ningún otro temperamento lo hará de manera más irresistible. Todos ellos son gente

famosa y conocida, siempre están a la luz de los reflectores, para ellos el mundo es una escena.

Varios individuos ilustres con temeperamento ESFP son actores, sin embargo les gusta también tener impacto con sus amigos o amigas, conversando con humor singular, atrayendo la atención y creando una sensación de fiesta. Los individuos ESFP son completamente sociales, disfrutan de las mejores cosas, nada les produce más alegría que simplemente divertirse con un honesto grupo de amigos. No es ligero decir que los ESFP tienen el sentido estético más fuerte de todos los tipos de temperamento. Desde el corte de pelo y la ropa hasta una casa bien puesta, los individuos con personalidad ESFP están pendientes de la moda. Ellos saben, tan pronto como lo ven, qué es cautivador, a los ESFP no les asusta modificar su entorno para replicar su moda personal. Los individuos ESFP son naturalmente curiosos, exploran nuevos estilos y diseños fácilmente.

HACIENDO PRUEBAS DE PERSONALIDAD

Existen en línea muchas pruebas de personalidad de acuerdo con los tipos aquí descritos y usted puede usarlas para saber qué tipo específico de personalidad es, o bien después de leer las descripciones anteriores usted podrá decir quién es, así como aquellos que lo rodean.

Capítulo # 4

Analizando a la gente a través de la selección de palabras

Las palabras son importantes ya que la selección de ellas dice más acerca de la persona que las usa que el tema del que habla. El hombre es un animal social hecho para comunicar con otros, nuestras palabras dicen tanto de nosotros para hablar y escuchar sabiamente, la verdad siempre sale de una boca. Las funciones de las palabras son herramientas de la personalidad y para desbloquear la puerta de la personalidad usted debe conocer la sabiduría de las palabras...

Cuando se trata de comunicación no verbal, usted puede analizar solamente a través de las palabras que selecciona el escritor, p.ej. la selección de las palabras que he usado en este libro le dice a usted algo acerca de mi personalidad, tendría que ser un pensador crítico para centrarse en la parte semántica del lenguaje.

Basado en investigación psicológica, cuando se es muy cercano a alguien, se pueden oir sus voces en la cabeza cuando se leen sus textos. Es cierto cuando se dice que las palabras son ventanas de la mente, las palabras hablan acerca de características conductuales de una persona. ¿Qué dicen de usted las palabras que emplea? Un montón...

Su temperamento puede estar determinado simplemente por la idea de escribir un mensaje de texto. Podrá construir juicios correctos acerca del temperamento de su autor favorito simplemente a través de la lectura de su trabajo.

La alternativa de palabras podrá predecir si usted se siente o no deprimido, inseguro o está mintiendo.

Insultar causa mucha persuasión. Es cierto, areola:

Las obsenidades al inicio o al final del discurso incrementan considerablemente el poder del mismo y por lo tanto la intensidad percibida del orador. Las obsenidades no tienen resultado en la calidad del orador.

Un análisis de transcritos revela que las mentiras crearon muchas palabras, muchas basadas en sentido y se usaron pocas orientadas hacia sí, más bien pronombres orientados hacia los otros cuando se miente a diferencia de cuando se dice la verdad. Adicionalmente, las mentiras intencionadas evitan términos de causa una vez que se miente, mientras que las mentiras no intencionales muestran un incremento en el uso de las negaciones.

Las cosas que son directas para nuestro cerebro se sienten más verdaderas que las ideas que son muy duras para un método. Frecuentemente estas son las explicaciones que tienden a gustarnos, preferimos lo conocido ante lo desconocido. Es por eso que tenemos una tendencia a inclinarnos por lo superficial y engañoso en lugar de lo correcto y difícil de explicar.

Conjuntamente, es la razón por la que pequeñas palabras son más prácticas que las palabras masivas, y es la razón por la que intentar sonar bien realmente hace que parezca estúpido.

Las palabras tienen un efecto en nuestro proceso cognitivo superior. Una vez que un crimen es representado como una bestia, la gente favorecen el uso de la policía y cárceles, y cuando es un "virus" el público general apoya reformas sociales.

Pero ¿pueden las palabras predecir la conducta?

Se analizó a boxeadores alrededor del mundo, cuando hablaban de su salud y del trabajo antes de un enfrentamiento era más probable que ganaran. Aquellos que hablaban con suposiciones y haciendo referencia a factores sociales perdieron.

Hablar usando palabras asociadas con introspección se relaciona con logros destacados.

La manera en que una compañía enfrenta los rumores definirá su éxito o su fracaso.

La vigencia clave de los Pronombres: Qué dicen nuestras palabras de nosotros:

¿Qué director de empresa conducirá a su organización al suelo? Cuente el número de veces que ellos usan la palabra "YO" en la carta anual a los accionistas.

Laura, una astrónoma, analista de los poco comunes, cuenta el número de veces que la palabra "YO" está presente en informes anuales que los directores de empresa dirigen a los accionistas, un indicador y una prueba diferente en los reportes que permite predecir el desempeño de la compañía (hallazgo básico: los egomaniacos son el tipo de noticia más peligrosa).

Esa palabra "YO" puede ser una cosa terrible de decirse. Los sujetos poderosos no lo dicen muchas veces. Los sujetos menos poderosos lo dicen primero que nada. En ocasiones, cuando los individuos usan "YO" al mentir lo hacen para distanciarse psicológicamente.

De manera equivalente, "nosotros" puede ser extraordinariamente poderoso. El discurso sencillo de comunicación producirá en los individuos un sentimiento positivo hacia usted construyendo un sentimiento de familiaridad.

"Yo" muestra "ego" y "nosotros" muestra "unidad" y "paz".

A partir de la vigencia clave de los

Pronombres: Qué dicen nuestras palabras acerca de nosotros:

El uso que una pareja hace de palabras de la web una vez que las lee una tercera persona predice una relación satisfactoria...

En el laboratorio, cuando se habla de desacuerdos en la situación marital, el uso de la palabra nosotros indica una relación decente mientras que el uso de la palabra tu sugiere problemas. El uso de las palabras asociadas a tú, como tú, tuyo, o tú misma fue más evidente en las conversaciones tóxicas-usualmente donde los dos participantes fueron acusativos uno contra otro con resultados variados.

Las palabras asociadas a nosotrtos pueden incluso salvar su vida. En un proyecto, pacientes con falla coronaria fueron entrevistados con sus esposas. Se les preguntó una serie de reactivos, junto con "Al pensarlo bien, si cualquiera de ustedes 2 presentara la condición central, ¿cuál asume usted que lo habría hecho mejor?"

En los casos de las esposas que usaron palabras-nosotros en sus respuestas, los pacientes estuvieron más saludables seis meses después.

Ahora usted dirá guau...sí estos hechos son verdaderos

Imitando la opción de palabras de otra persona mejora las negociaciones Para analizar una palabra o una frase tiene que imitarla con el mismo sentimiento de quien la usó y sentirla con la misma intención que quien la usó, aún hoy imitar las palabras o frases sigue siendo una buena técnica para analizar el discurso de alguien o sus intenciones.

Cuando se analiza a alguien, siempre fíjese qué palabras o frases le son atractivas y qué tipo de bromas le gustan o de qué se ríe, esto puede decirle mucho acerca de su físico o le dice mucho de su sentido del humor...

"Se puede decir qué tan inteligente es la gente a través de lo que la hace reír" – Tina Fey

Capítulo # 5

Analizando a la gente a través del lenguaje corporal

El lenguaje corporal provee una gran cantidad de información acerca de lo que los demás piensan si usted sabe qué buscar.

Usted ya lee con avidez las claves adicionales de la comunicación visual de las que es consciente y está atento. Un análisis de UCLA ha mostrado que solamente el séptimo elemento de la comunicación corresponde a las palabras que usamos. Por lo que corresponde a los demás, el treinta y ochoavo corresponde al tono de voz y por lo tanto el restante cincuenta y cincoavo corresponde a la comunicación visual. Aprender una manera de prestar atención y de interpretar ese cincuenta y cincoavo le dará una ventaja sobre los demás.

Cuando usted está trabajando activamente y haciendo todo lo que está a su alcance para alcanzar sus objetivos, algo que le puede proveer con una base poderosa y puede darle la vuelta a su camino al éxito.

La empresa Talent Smart ha realizado pruebas en casi 1,000,000 de personas y ha detectado que los primeros escalones del desempeño los ocupan personas con una alta carga de inteligencia emocional (para ser precisos, el 90% de los que presentan desempeño supremo). Estos individuos reconocen la facilidad que tienen las señales no habladas en comunicación, en consecuencia ellos monitorean la comunicación visual.

La próxima vez que se encuentre en una reunión muy larga (incluso en una cita amorosa o jugando con sus niños) preste atención a estas claves:

1. Brazos o piernas cruzadas indican resistencia a sus conceptos. Los brazos y las piernas cruzadas son barreras que interceptan lo que está comunicando verbalmente. Aún cuando estén sonriendo y enfrascados en una agradable conversación oral, su comunicación visual cuenta la historia. Gerard I. Nierenberg y Henry H. Calera video grabaron un par de miles de negociaciones para un libro que escribieron acerca de la lectura de la comunicación visual, en ninguna de las negociaciones se llegó a un acuerdo cuando una de las dos partes tenía las piernas cruzadas en el momento de negociar. Psicológicamente, las piernas o los brazos cruzados indican que un individuo es mental, mostrando emociones y físicamente bloqueado, alejado de lo que está delante de él. No es intencional, y por esa razón es revelador.

2. Las sonrisas verdaderas arrugan los ojos. Cuando se trata de sonreir, la boca puede mentir pero no los ojos. Las sonrisas reales alcanzan los ojos, arrugando la piel y produciendo las patas de cuervo alrededor de ellos. La gente típicamente sonrie para cubrir lo que están pensando y sintiendo, la próxima vez que quiera saber si la sonrisa de alguien es real, busque las arrugas en las esquinas de los ojos. Si no están allí, esa sonrisa está escondiendo algo.

3. La repetición de su comunicación visual puede ser de un actor listo. ¿Ha estado usted en una reunión muy larga con alguien y detecta que cada vez que usted flexiona o estira sus piernas, él también lo hace? ¿O tal vez que ellos inclinan la cabeza al mismo lado que usted lo hace cuando habla? Esa señal es realmente decente. Imitar la comunicación visual es algo que tendemos a hacer incoscientemente una vez que sentimos una conexión con la otra persona. Es una indicación de que la comunicación oral está dándose bien y que la otra parte es receptiva de su mensaje. Esta información será particularmente útil cuando usted esté negociando, como resultado de ello puede saber lo que la persona opuesta está ocultando acerca del trato.

4. La postura cuenta la historia. ¿Alguna vez ha visto a un individuo entrar caminando a un sitio, y de un solo golpe saber que él es la persona que manda? Ese impacto es básicamente comunicación visual, y algunas veces asocia postura erecta, gestos creados con las palmas orientadas hacia abajo, y gestos normalmente abiertos y expansivos. El cerebro está conectado de manera que equilibra poder con el número de gente con la que comparte la casa. Pararse derecho con los hombros hacia atrás puede ser una posición de poder; parece maximizar el espacio que se ocupa. Por el contrario, encorvarse es el resultado de colapsarse, se ocupa menos espacio y se le asocia menos poder. Mantener una postura elegante instruye respeto y promueve compromiso, aunque usted no sea un líder.

5. Ojos que mienten. La mayoría de la gente seguramente creció oyendo "¡mírame a los ojos cuando me hables!". Nuestros mayores creían firmemente en la idea de que es robusto sostener la mirada cuando se les está mintiendo, y estaban en lo correcto hasta cierto punto. Sin embargo es del conocimiento general que los individuos pueden deliberadamente sostener la mirada en un intento por ocultar el hecho de que están mintiendo. El asunto es que todos ellos sobrecompensan y mantienen el contacto con los ojos hasta el punto de la incomodidad. En promedio, los Estadounidenses sostienen la mirada durante siete a 10 segundos, durante más tiempo cuando estamos escuchando que cuando estamos hablando. Si alguien está diciéndole mentiras, no parpadeará y fijará terriblemente su mirada en usted.

6. Cejas levantadas indica incomodidad. Existen 3 emociones principales que hacen que las cejas se levanten: sorpresa, preocupación y miedo. Intente levantar sus cejas mientras esté teniendo una plática relajada con su persona amada. ¿Cuesta hacerlo cierto? Si alguien le está reprochando algo y levanta las cejas, por lo tanto el tema no es uno que le causará lógicamente sorpresa, preocupación o miedo, hay algo más que está ocurriendo.

7. Movimiento pendular exagerado indica ansiedad acerca de ser aprobado. Cuando usted le dice algo a alguien y esta persona mueve mucho la cabeza, significa que le perturba lo que usted está pensando o que usted duda de la habilidad para seguir sus instrucciones.

8. Una mandíbula apretada indica estrés.

Una mandíbula apretada, un cuello tenso, o una ceja arrugada son señales de estrés. A pesar de lo que la persona esté comunicando, hay señales significativas de incomodidad. La comunicación oral puede estar profundizando en algo acerca de lo que están ansiosos, o la mente puede estar en otro sitio enfocándose en el factor que les está estresando. El secreto está en buscar ese espacio entre lo que la persona dice y lo que la comunicación visual está diciendo.

Capítulo # 6

Detectando gestos al mentir

¿Cuántas personas piensa usted que ha decepcionado hoy?

¿Puede contestar esto?

La respuesta puede impactarle porque estudios muestran que una persona miente casi 10 veces al día, en promedio sería 10%, y en el lado más alto el número podría ser de 200 veces al día porque no toda la gente tiene capacidad para detectar las mentiras.

Hay algunas cosas que pueden hacer de usted un detector de mentiras humano, la 1a cosa que la gente quiere saber es ¿cuál es el lenguaje corporal de la persona que le está mintiendo? Pero esto no es tan simple ya que no hay solamente un tipo de lenguaje corporal de un mentiroso, leyendo estrés en un cuerpo es mucho más fácil que leer engaño, puede haber el frotamiento de brazos, la gente se frota las piernas mientras miente, o se muerde los labios, o cruza los brazos, estas acciones son el tipo de respuestas para auto-calmarse, es algo clásico y es bloqueo, es decir poner algo entre ellos y la causa de su estrés, p.ej. Cubrirse la boca con las manos o con cualquier otro objeto a su alcance como un teléfono celular, puede ser bloqueo, no hay un movimiento del cuerpo que puede detectar las mentiras.

Contexto y contenido verbal:

- Un embustero (persona mintiendo) puede usar sus palabras para construir una respuesta a un cuestionamiento. Cuando se le pregunta "¿Se comió usted la última galleta?" El embustero responde, "No, fracasé en comerme la última galleta."
- Una declaración con una contracción es posible que sea una verdad: "No lo hice" en lugar de "No pude hacerlo"
- Los mentirosos generalmente evitan mentir a través de no crear declaraciones directas. Ellos implican respuestas en lugar de negar una cosa directamente.
- La persona culpable puede hablar de manera bastante natural, agregando detalles innecesarios para hacerle creer a usted...no están cómodos con silencios o pausas en la comunicación oral.
- Un embustero podría omitir pronombres y hablar en un tono extremadamente monótono. Una vez que se forma una declaración

verdadera la palabra de la categoría cerrada se enfatiza al máximo en una declaración excesiva.
- Las palabras también pueden ser aisladas y dichas suavemente, la lingüística descriptiva y la sintaxis podrían también no existir. En otras palabras, sus oraciones pueden ser confusas en lugar de enfáticas.

Interacciones y Reacciones:
- Una persona culpable se pone a la defensiva mientras un inocente puede persistir en la ofensiva.
- Un embustero se siente incómodo frente a su cuestionador/acusador y girará su cabeza o cuerpo hacia otro lado.
- Un embustero puede poner incoscientemente objetos (un libro, una taza, etc.) entre él y usted.

Lenguaje Corporal de las Mentiras:

La expresión física es restringida y rígida, con poco movimiento de brazos y manos.

Los movimientos de manos, brazos y piernas de un mentiroso se hacen hacia su propio cuerpo para ocupar menos área.

Un individuo que obviamente está mintiéndole puede ser detectado puede evitar hacer contacto ocular.

Las manos tocando su cara, garganta y boca. Tocando o rascándose la nariz o detrás de las orejas.

Capítulo # 7

Analizando a la gente a través de las redes sociales

Las redes sociales son una herramienta personal que usan los individuos para moldear su personalidad en sociedad, (la hipótesis de la identidad virtual idealizada), sugiere que hay conexiones entre el perfil de las redes sociales de una persona y lo que él idealiza para él mismo y las redes sociales es un boceto de la personalidad del individuo, que él mismo hizo para representarse él mismo ante los demás, uno puede ser fácilmente analizado a través de su perfil de redes sociales, o sus videos, o sus fotos.

La mayoría de las fotos de perfil contienen los rostros de los individuos, que son conocidos por reflejar su personalidad. Las redes sociales dan a los individuos alrededor del mundo libertad de imagen pública, a través de la publicación de contenido tal como textos, imágenes y enlaces o bien ayuda a la gente a interactuar entre ellos. La fotografía de los individuos muestra más rasgos psicológicos que la simple lectura de sus textos. Los individuos seleccionan una foto de perfil que sea representativa de su imagen en línea y también pueden publicar fotos que no serán ellos o que no representarán su imagen. El hecho de escoger o seleccionar una fotografía es un tipo de conducta asociado con ellos. El siguiente "Gran Cinco" es un enfoque para eso, este enfoque con cinco elementos que son apertura a las experiencias, meticulosidad, extraversión, simpatía, y neurosis.

Desde la invención de internet, la gente es más extrovertida, ésta representará sus personalidades, es la réplica de su vida real, el análisis de personalidad de la gente que usted conoce a través de las redes sociales no funcionará, pero para la gente que no conoce en redes sociales el análisis de personalidad funcionará de maravilla.

Este modelo le dirá qué tan fuerte es una persona en 5 aspectos diferentes.:

1. Apertura a las experiencias

Este rasgo le dice qué tan abierto o cerrado es el pensamiento de una persona, altamente abierto corresponde a personas curiosas intelectualmente, aman el arte y las ciencias, aventuras de amor abierto. La gente con valores bajos de apertura tienen intereses más tradicionales. No les gusta el cambio. Cuando se analiza a través de una fotografía, si ésta es más artística, las imágenes atractivas tienden a tener contrastes acentuados, más definición, balanceado en saturación y menos borroso, este es un caso para apertura en gente.

2. Meticulosidad: la gente en la que predomina este rasgo es más disciplinada, siempre tiene calificaciones elevadas, responsables, tienen una gran habilidad para estar en la cima de todo. Los que tienen calificaciones menores son más impulsivos y desorganizados. Por ejemplo, en términos de colores, los individuos meticulosos gustan de fotos que no son en escala de grises y que son más bien coloridas, naturales y brillantes. Sus expresiones faciales son indicativas de su meticulosidad. Las expresiones faciales en sus fotografías son más sonrientes, positivos en su estado de ánimo, mientras en la parte baja de la escala con estado de ánimo negativo, representan especialmente enojo y tristeza.

3. Extraversión: Esto es acerca de cómo obtienes tu energía, con calificaciones elevadas se sienten cargados, activos, extravertidos, les gusta conversar y estar en muchas fiestas. Con bajas calificaciones se sienten menos activos, usan su energía para estar solos, si van a una fiesta necesitan el día siguiente para recuperarse. Por ejemplo, si esa persona comparte en Facebook sus fotos con amistades registrándose en hoteles diríamos que esa persona es extravertida, pero si esa persona no comparte muchas fotos y está más en asuntos filosóficos, entonces diríamos que esa persona es introvertida.

4. Simpatía: La gente muy simpática es más servicial y se sacrifica por los otros, bajas calificaciones corresponden a gente muy desagradable, no les preocupan los demás y son desconfiados.

5. Neurosis: Gente muy neurótica son más propensos a las emociones negativas, p.ej. enojo, ansiedad y depresión.

Bajas calificaciones corresponden a gente más calmada y colectiva, este modelo permite practicar y nos ayuda a analizar a través de los perfiles de redes sociales. Este análisis se lleva a cabo obteniendo información de la persona cuyo perfil será analizado bajo esos rasgos.

Parte 2

Introducción

Entender la mente humana, sus necesidades y deseos, las emociones y los pensamientos que controlan el comportamiento, así como las señales sociales, tanto las verbales como las no verbales, te cambiará la vida.

Puede llevarte años graduarte en un grado en psicología, puesto que no solo se basa en aprender a interpretar las interacciones y el comportamiento humanos. Aprender a dominar la psicología humana en un día es posible porque no trata todas las complejidades del diagnóstico y tratamientos de las enfermedades mentales.

Todo lo que necesitas para dominar la psicología humana y analizar a la gente de forma efectiva es un conocimiento básico de la psique humana.

En el capítulo uno aprenderás a analizar la mente. Comprender la mente humana se puede conseguir si aprendemos cómo acceder a los deseos, necesidades y emociones que controlan el comportamiento.

Los mismos comportamientos se exploran y se explican al mostrar la relación entre estos comportamientos y los deseos, las necesidades y las emociones básicas que impulsan esos comportamientos.

El segundo capítulo trata sobre el lenguaje corporal y la comunicación no verbal. Descifrar correctamente el lenguaje corporal y la comunicación no verbal puede ayudar a fortalecer todas las relaciones personales de tu vida.

Toda interacción social lleva implícitos el lenguaje corporal y la comunicación no verbal. Aprender a interpretar este lenguaje tácito te dará muchas ventajas y conocimientos cuando necesites saber cómo se siente la gente y cómo puede actuar en una situación determinada.

El capítulo tres aborda las señales sociales y las habilidades de las personas. Las señales sociales son los cimientos para conseguir un impresionante don de gentes. Una vez que domines las señales sociales, obtendrás ciertas destrezas que puedes utilizar para desarrollar las relaciones que desees, y escabullirte de aquellas que quieres evitar sin crearte enemigos por el camino. Las señales sociales se basan en hacerse camino entre las interacciones sociales con gracia y facilidad.

Cada capítulo de este libro te acercará un poco más hacia la comprensión de las personas que componen tu círculo íntimo y te ayudará a crear vínculos con aquellas que acabes de conocer. El deseo de comunicarse con otros y conectar de forma verdadera es universal. Todos los humanos quieren entenderse, por eso analizar a las personas es una forma magnífica de conseguirlo.

Hay momentos en la vida en los que un poco más de información sobre cómo se siente o qué piensa alguien puede cambiar la dinámica de la relación. Cuando seas un experto en comprender las señales sociales, mantendrás de forma natural los vínculos sociales que ya tienes y crearás otros nuevos, a la vez que evitarás los incómodos malentendidos y las reacciones desmesuradas.

Perseguir tus sueños y conseguir la carrera que siempre has querido no se puede obtener solamente con mucho esfuerzo y dedicación.

Tener contactos es una parte importante de la vida. Si tienes don de gentes, no necesitas este libro. Sin embargo, si eres como la mayoría de las personas, hay veces en las que te desenvuelves muy bien socialmente hablando y otras veces en las que te gustaría no haber abierto la boca.

Aprender a analizar la mente humana y entender las señales sociales te ayudará a establecer los contactos que necesitas sin incómodos contratiempos.

Buscar el amor de tu vida es solo la mitad de la historia. También necesitas reconocer a esa persona cuando te encuentres con ella.

Todos queremos creer en el amor a primera vista, pero hay más cosas implicadas en esa conexión que la simple estimulación visual.

El amor a primera vista se basa en reconocer esa conexión en el instante en el que sucede, así pues, tendrás que reconocer las señales sociales para ello.

Parece que todo el mundo hable de conseguir tiempo de calidad para sí mismo y para su familia. Por desgracia, es difícil conseguir y disfrutar de tiempo de calidad. Incluso si tienes reservado un día entero a la semana para pasar "tiempo de calidad", no hay garantías de que todo el mundo disfrute de él.

El tiempo de calidad tiene que ir acompañado de interacciones íntimas con tu familia, puesto que se trata de reforzar los vínculos y disfrutar de la compañía del otro. Si quieres asegurarte de que ese tiempo que tienes reservado sea de gran calidad, este libro te ayudará a conseguirlo.

Aprender a analizar a otros seres humanos no te va a convertir de repente en una persona popular, más inteligente que tus compañeros ni va a crear de forma milagrosa tiempo de calidad para ti y para tu familia. Analizar a otras personas va a ayudarte a comprender lo que los demás necesitan de ti. Una vez que proporciones lo que otros necesitan, te ofrecerán de forma natural lo que tú necesitas.

Comprensión es una palabra que lanzamos como una maldición, en frases como estas: "¡Tú no me entiendes!" y "Ojalá hubiera entendido a dónde querías llegar". Puedes entender todo perfectamente, hay un montón de pistas por todas partes si sabes dónde mirar.

Mientras leas este libro, tómate tu tiempo y utiliza la información para "entenderte" a ti mismo.

Evalúate, evalúa tu personalidad, tus habilidades sociales... Primero analízate tú mismo, ya que te ayudará a aprender los conceptos y las habilidades desde una perspectiva personal. Una vez que te percates de cómo interactúas y cómo interpretas el mundo a tu alrededor, serás capaz de ver cómo se aplican estos conceptos y habilidades a otras personas.

Puede llevar años aprender las habilidades requeridas para practicar la psicología o llegar a ser un detective que pueda descubrir mentiras y sacar las verdades a la luz porque esas personas han hecho de analizar a otros una forma de vida.

Sin embargo, no necesitas años para utilizar esas habilidades y conceptos con el fin de mejorar tu vida, de hacer más feliz a tu familia y de disfrutar más de tu carrera profesional. La información básica de este libro te proporcionará lo que necesitas para conseguir todo eso y mucho más.

Comprenderás los conceptos y las habilidades en menos de 24 horas, pero tendrás que practicar para obtener los beneficios que necesitas.

Este libro revela información esclarecedora sobre la psicología humana que puede aplicarse en todas y cada una de las situaciones en las que debes tratar con otras personas.

A menos que seas un ermitaño y nunca te aventures en el mundo real, las habilidades que aprenderás en este libro te darán la capacidad de analizar a la gente y entender lo que quieren, por qué lo quieren y cómo pretenden obtenerlo.

Interesante y apasionante, este libro es todo lo que necesitas para dar un paso más en tus relaciones y conseguir todos y cada uno de tus deseos.

Capítulo 1 - Análisis de la mente humana

Analizar la mente humana se basa en comprender el mundo interior de la mente y cómo afecta a todas las relaciones o interacciones humanas y, básicamente, a todo el potencial humano. La vida raramente es tan sencilla como nos la imaginamos en nuestra cabeza. De hecho, ¿qué significa?

Todos nosotros tenemos un mundo interior, un mundo en el que imaginamos situaciones y sus resultados y en el que somos los autores de nuestros propios logros. Por desgracia, muchos de nosotros creemos que nuestro mundo interior nunca se hará realidad, porque pensamos que es lo mismo que los sueños, pero en realidad es mucho más que eso.

Los humanos están obsesionados con crear y mantener una idea de sí mismos. La pregunta "¿quién soy yo?" es una pregunta que todos los adultos se esfuerzan por responder. ¿Y por qué tanto escándalo? Porque saber quién eres es saber cómo y dónde encajas.

Saber cómo y dónde encajar es importante porque permite al individuo moverse en sociedad con confianza. Una vez que sabes quién eres puedes encontrar a otros como tú, encajar en grupos sociales, subir escalafones en el trabajo y encontrar a ese alguien especial.

La gente quiere responder a la pregunta "¿quién soy yo?" y quieren saber quiénes son los demás para poder interactuar con ellos. Esto es básico. Por supuesto que puede haber más cosas involucradas, pero con el fin de analizar la mente humana, todo lo que debemos saber es que todo el mundo quiere responder esta pregunta tan elemental.

Este capítulo desglosará este análisis de la mente humana en varias secciones fáciles de recordar: Personalidad y comportamiento, emociones y comportamiento, e impulsos/ambiciones y comportamiento.

Estas tres facetas clave de la psique humana abren un mundo de comprensión y centran la atención en los otros. Estas tres claves desvelarán el secreto de por qué la gente hace lo que hace.

No necesitamos conocer hasta los detalles más nimios de una persona para comprenderla y predecir su comportamiento. Aprender a analizar individuos tan pronto como los conoces es algo de lo que todos somos capaces, siempre y cuando tengamos algunos conocimientos sobre la mente humana.

Todos estamos en el mismo barco, pero no todos tenemos que remar. Lo que queremos interpretar y entender es "¿quién va a remar?", "los ¿quién va a gobernar el barco?", "¿quién va a ser el primero en comerse a alguien si empezamos a pasar hambre?".

Existen un montón de libros, un montón de teorías y toneladas de información sobre cómo analizar a la gente. Este libro utiliza el modelo de personalidad de los cinco grandes. Este método te ayudará a utilizar la información de forma rápida y efectiva. Los cinco grandes, también conocido como Modelo de los cinco grandes o Big Five, es un procedimiento archiconocido y utilizado en la psicología moderna.

Personalidad y comportamiento
Antes de poder analizar a otras personas con rapidez, debes aprender a analizarte a ti mismo. Esto te ayudará a reconocer los rasgos de personalidad de otros con facilidad. Conocerse a uno mismo ayuda a conocer a los demás.
Es casi imposible analizar a alguien si no eres capaz de entender tus propios comportamientos e impulsos.
Los rasgos de personalidad son reales. Pueden cambiar a lo largo del tiempo, pueden hacerse más pronunciados o desvanecerse en lo más profundo de tu ser. Los cinco grandes rasgos de la personalidad son etiquetas que expresan cómo se comportan los individuos en diferentes situaciones como:
- Dentro de un grupo
- Interacción individual o cara a cara
- Respuesta a situaciones, emociones o estrés
- Razonamiento y toma de decisiones

Se supone que los cinco grandes cohabitan en todos los individuos, pero aunque todos tengamos estos cinco rasgos, nos diferenciamos en la intensidad con la que nos identificamos con cada uno de estos rasgos. Se utiliza un sistema de puntuación para evaluar a un individuo formalmente y saber cómo expresa o experimenta estos rasgos.

No necesitamos puntuar o evaluar a la gente, solo vamos a utilizar los cinco grandes para comprender a los otros socialmente. Por ejemplo: Si alguien es curioso intelectualmente y le gusta probar nuevas cosas es una persona "abierta a nuevas experiencias".

Cada categoría de rasgo de personalidad tiene comportamientos que se encuentran en aquellos que tienen ese rasgo específico de personalidad. Estos comportamientos ayudan a mostrar cómo un individuo puede expresar el rasgo principal. Utiliza esta lista de rasgos para encontrar tus rasgos de personalidad individuales.

Sé honesto y escribe tus rasgos de menor a

mayor, siendo el quinto lugar el rasgo más prominente que tienes. Los cinco grandes rasgos de la personalidad y algunos comportamientos comunes son:
- Apertura a la experiencia
- Intelectualmente curioso
- Abierto a las emociones
- Deseoso de probar nuevas cosas
- Responsabilidad
- Autocontrol/autodisciplina
- Se esfuerza por acabar las cosas
- Prefiere algo planeado sobre algo impulsivo
- Extroversión
- Entusiasta
- Enérgico e involucrado
- No le importa ser el centro de atención
- Amabilidad
- Considerado
- Amable e interesado en el bienestar de los demás y de la sociedad en su conjunto
- Valora las relaciones y llevarse bien con los demás.
- Neuroticismo
- Emocionalmente reactivo al entorno,

experimenta el estrés de forma muy profunda
- Ansioso/ irascible /deprimido
- Ve las situaciones y las interacciones normales de forma negativa

Emociones y comportamiento
Las emociones son muy poderosas porque se experimentan tanto física como mentalmente. Las emociones y cómo el individuo las experimenta afectan al comportamiento. La emociones se experimentan de forma diferente de una persona a otra, pero pueden ser un excelente indicador del comportamiento.

Si puedes leer las emociones de un individuo, puedes filtrarlas a través de los cinco grandes rasgos de la personalidad y predecir posibles comportamientos. Incluso los grupos de personas tienen personalidad y emociones que desencadenan comportamientos.

Entonces, ¿por qué quieres predecir cómo se comportará un individuo cuando experimente una emoción determinada? *Porque te puede ayudar a interactuar con ese individuo o grupo para avanzar o mejorar tus propios intereses.* Interactuar socialmente con otros es ver cómo cada uno avanza en sus motivaciones ocultas, para ellos mismos y con suerte para el bien superior. ¿Recuerdas la analogía de la gente del barco?

Ahora puedes utilizar tu lista de rasgos y compararlos con los comportamientos y las reacciones emocionales que se detallan a continuación.

Cada rasgo tiene una variedad de reacciones, comportamientos y tolerancias emocionales, por lo que debes comprobar cuán acertada es tu lista.

Nada se integra completa y claramente en una característica determinada, sobre todo las emociones y los comportamientos, pero existen correspondencias que te ayudarán a ver cuán predecible puedes ser mediante un simple análisis.

A continuación proporcionamos una lista de las reacciones más comunes para cada uno de los cinco grandes cuando se enfrentan a una emoción o situación negativa.

Aquellos que tienen el *neuroticismo* como rasgo predominante experimentarán muchas situaciones de forma negativa.

Se ponen tensos muy rápido y llegan a enojarse con facilidad cuando tienen que enfrentarse a cualquier situación emocional. También lo exageran todo y hacen una montaña de un grano de arena muy rápidamente.

Este tipo también se deprime más rápido que los demás y continúa experimentando las emociones negativas mucho más tiempo que los demás.

Aquellos que tienen la *amabilidad* como rasgo característico experimentarán muchas situaciones emocionales desde una perspectiva en la que puedan ser útiles. Es menos probable que se enfaden o se frustren y tienden más a abordar las situaciones emocionalmente negativas de forma pacífica.

Cuando un individuo destaca en *extroversión*, tiene tendencia a experimentar las situaciones emocionales negativas de forma agresiva.

Son personas reactivas e interactivas y son

más propensas que otras personas en tomar la iniciativa para cambiar lo que no les gusta y trabajar de forma activa para sentirse cómodos en su entorno.

Cuando una persona tiene la *responsabilidad* como rasgo principal, es contraria a las sorpresas y prefiere planificarlo todo.

En situaciones negativas, aquellas personas que destacan en el rasgo de responsabilidad trabajarán de forma activa para controlar sus reacciones personales, sus sentimientos y sus comportamientos para no llegar a perder el control.

Este rasgo se expresa a sí mismo como una necesidad de conclusión en todas las situaciones, por lo que planearán todas las formas posibles de acabar con la situación.

Los que destacan en el rasgo de la *apertura a la experiencia* son personas capaces de solucionar problemas, piensan de forma diferente y están dispuestos a probar nuevas e inusuales soluciones para solventar los problemas.

Cuando se enfrentan a situaciones negativas, estos individuos buscarán los puntos en común y trabajarán de forma activa para encontrar una solución que satisfaga a todas las partes involucradas.

Ambición/impulso y comportamiento
Ahora que tienes un conocimiento decente de tu propia personalidad y de cómo afecta a tus reacciones y comportamientos, es hora de comprobar los efectos de la ambición y el impulso en el comportamiento.
La ambición y el impulso constituyen las fuerzas subyacentes por las que la gente hace lo que hace.
Un individuo que quiere un ascenso en el trabajo expresará esos impulsos o ambiciones cuando esté en situaciones concernientes a la carrera o el trabajo. Este impulso también afectará la forma en la que el individuo se relaciona con otras personas en el entorno laboral.
Se puede decir lo mismo de cualquier impulso o ambición particular que tenga un individuo. Cuando estamos buscando el amor, este impulso afectará a todos los aspectos de la interacción social hasta

cierto punto. Si el impulso es de formar una familia, los comportamientos tomarán una nueva dirección.

Piensa en tu lista de rasgos de personalidad y piensa en cómo te comportas e interactúas con otras personas cuando intentas conseguir un objetivo. Ahora echa un vistazo a la lista de abajo y compárala con tus comportamientos.

No se trata de encontrar coincidencias exactas de comportamiento, sino de analizar y comprender cómo las ambiciones y los impulsos afectan al comportamiento.

Apertura a la experiencia: Este rasgo de personalidad es intelectualmente curioso, disfruta de nuevas experiencias y está abierto a nuevas emociones. Con la ambición de encontrar el amor, ¿cómo afectaría este rasgo de personalidad a sus comportamientos e interacciones?

Responsabilidad: Este rasgo de personalidad lucha por terminar las cosas, muestra autodisciplina y prefiere planear antes que actuar por impulsos. Con la ambición o el impulso de conseguir un ascenso, ¿cómo afectaría este rasgo de personalidad a su comportamiento e interacciones?

Extroversión: Este rasgo de personalidad es entusiasta, enérgico e involucrado, además de que no le importa ser el centro de atención. Con la ambición o el impulso de construir una familia, ¿cómo afectaría este rasgo de personalidad al comportamiento e interacciones?

Amabilidad: Este rasgo de personalidad es considerado, amable e interesado en el bienestar de otros y de la sociedad en su conjunto, por lo que también valoran las relaciones interpersonales y llevarse bien con los demás. ¿Cómo podría comportarse este rasgo de personalidad e interactuar con la ambición o el impulso de conseguir un ascenso?

Neuroticismo: Este rasgo de personalidad reacciona emocionalmente ante su entorno y experimenta el estrés de una forma más intensa que los demás. Son propensos a las emociones negativas como la ansiedad, la ira y la depresión y tienen tendencia a percibir las interacciones y situaciones normales de forma negativa.

¿Cómo podría afectar este rasgo de personalidad al comportamiento y las interacciones si el individuo tiene la ambición o el impulso de encontrar el amor?

Para ayudarte a ampliar tus conocimientos de los cinco grandes y cómo te pueden servir para analizar la mente humana de forma rápida y precisa, revisa todas las secciones de este capítulo y añade más factores a las descripciones de cada sección y tipo.

Recuerda, los rasgos y asociaciones dados en este capítulos no están grabados en piedra. Existen muchas más emociones, ambiciones, pensamientos y situaciones en la vida real.

Cuanto más trabajes para añadir cosas en las descripciones de cada sección, mayor comprensión obtendrás y más fácil te será analizarte tanto a ti mismo como a los demás.

Una vez que estés seguro de que entiendes los cinco grandes y cómo pueden utilizarse para analizar a las personas, estarás preparado para continuar con el siguiente capítulo: "Lenguaje corporal y comunicación no verbal".

Capítulo 2 - Lenguaje corporal y comunicación no verbal

Ahora que tienes sólidos conocimientos sobre los cinco grandes, es hora de que mejores tus habilidades analíticas con el aprendizaje de las técnicas para interpretar el lenguaje corporal y la comunicación no verbal.

Saber descifrar el lenguaje corporal y la comunicación no verbal te ayudará a desenvolverte por numerosas situaciones sociales con soltura.

Algunas veces no necesitarás analizar a alguien con mucha profundidad, sino que solo necesitarás entender la situación concreta.

La mayoría de las veces, el lenguaje corporal y la comunicación no verbal te proporcionarán toda la información que necesitas para sentirte cómodo en cualquier entorno o situación.

El lenguaje corporal y la comunicación no verbal generalmente son acciones subconscientes que muestran cómo un individuo se siente o piensa en una situación, en su entorno o con las otras personas más próximas.

Hay muchas cosas que puedes aprender sobre los demás si observas su lenguaje corporal e interpretas las señales no verbales. Cuanto más sepas sobre estas importantes formas de comunicación, más fácil te será desenvolverte en situaciones familiares y desconocidas.

Lenguaje corporal
Puedes aprender mucho sobre la gente y las situaciones si observas el lenguaje corporal. El lenguaje silencioso del cuerpo puede contar a los demás tu estado mental o puede ayudarte a esconderlo.

Las personas que pueden interpretar de forma efectiva el lenguaje corporal pueden decir si quieres compartir o esconder información sobre ti mismo. Hay formas de controlar las señales subconscientes que despliega nuestro lenguaje corporal, y una vez que hayas entendido el código secreto, podrás utilizar esa información para controlar lo que otros saben de ti e interpretar el estado mental de los demás.

El lenguaje corporal no solo trata las posiciones del cuerpo, sino varios factores más. El lenguaje corporal incluye las señales desde la cabeza a los pies, incluso tu cabello puede proporcionar información a los demás sobre cómo te sientes.

Cuando tienes el cabello bien peinado, le estás diciendo a los demás que tienes el control, pero si llevas el cabello descuidado o despeinado, estás enviando señales a los demás de que estás teniendo un mal día o no te sientes muy bien.

He aquí una lista con los veinte gestos más comunes del lenguaje corporal. A veces la gente utiliza estos gestos de forma intencionada para comunicar sus pretensiones, aunque normalmente se reflejan de forma involuntaria.

Sea como fuere, interpretar estos gestos del lenguaje corporal hará más fácil la interacción social en grupos, hablar en público y las interacciones personales cara a cara.

1. Sentarse con las piernas cruzadas y mover un pie - aburrimiento
2. Sentarse con las piernas separadas -

relajado y abierto
3. Estar de pie con las manos en las caderas - confianza o agresión
4. Estar de pie con las manos detrás de la espalda - frustración o aprensión
5. Brazos cruzados sobre el pecho - defensa
6. Estar de pie con las manos en los bolsillos y los hombros caídos - abatimiento o inseguridad
7. Estar de pie con las manos en los bolsillos y los hombros rectos - relajado y confiado
8. Tocarse la nariz - duda, inseguridad o mentira
9. Una mano en un lado de la cara o en la mejilla - pensar o evaluar una situación
10. Frotarse los ojos - escepticismo
11. Apoyar la cabeza en las manos - aburrimiento
12. Mostrar las palmas de las manos abiertas - honestidad, inocencia y confianza
13. Retorcerse las manos - anticipación o indecisión

14. Repiquetear o tamborilear con los dedos - impaciencia o ansiedad
15. Tocar o acariciar el pelo - inseguridad
16. Inclinar la cabeza - atención e interés
17. Tocarse o tirarse de la oreja - indecisión
18. Morderse las uñas - ansiedad, nerviosismo
19. Tocarse la barbilla o el cuello - sopesar opciones, decidir
20. Tocarse el puente de la nariz - desacuerdo

Practica tus habilidades de reconocimiento del lenguaje verbal cuando te comuniques con otros y presta atención a los demás en un entorno social determinado.

A pesar de que puedes percibir de forma subconsciente el lenguaje corporal de los demás, notarlo de forma consciente y etiquetarlo te ayudará a analizar a las otras personas de forma rápida y precisa.

Registra una nota mental cada vez que lo notes y podrás llegar a ser tan intuitivo como Sherlock Holmes.

Microexpresiones

Tus expresiones faciales son fáciles de controlar. Todo el mundo sabe que puedes sonreír cuando te sientes triste, aunque hay otros signos, llamados microexpresiones, que dejan traslucir tu estado de ánimo y lo que estás pensando en ese momento.

Las microexpresiones son movimientos casi imperceptibles de los músculos que hay alrededor de tus ojos y boca. Estos movimientos dicen muchísimo más de ti que la sonrisa de tu rostro.

Las microexpresiones son involuntarias, aunque hay gente que puede llegar a controlarlas.

Los mentirosos compulsivos son personas que pueden controlar sus microexpresiones y utilizan esta habilidad para ocultar sus verdaderas intenciones. Otras personas que pueden controlar sus microexpresiones son los actores.

El resto de nosotros nos vemos expuestos porque nuestras microexpresiones delatan nuestros sentimientos verdaderos.

Te proponemos a continuación una lista de 7 microexpresiones que te ayudarán a saber cómo se siente una persona en realidad:

Miedo: Pequeño movimiento de los músculos a ambos lados de la boca, se ponen tensos y retroceden.

Furia: Los labios se ponen tensos de forma muy rápida, los ojos se abren rápidamente para relajarse después, leve inclinación de las cejas hacia el entrecejo.

Sorpresa: Ojos y boca abiertos, las cejas se levantan ligeramente.

Desprecio: La cabeza se echa hacia atrás levemente, se levanta un lado de los labios y las cejas pueden levantarse y relajarse rápidamente.

Felicidad: Aparecen unas arrugas en los bordes de los ojos y desaparecen casi al instante, los labios se curvan hacia arriba ligeramente y se alzan los pómulos.

Tristeza: Las cejas se levantan y se juntan, los labios se curvan hacia abajo.

Repulsión: La nariz puede echarse hacia atrás y arrugarse rápidamente y se levanta el labio superior, quizá también eche la cabeza hacia atrás y hacia un lado de forma rápida.

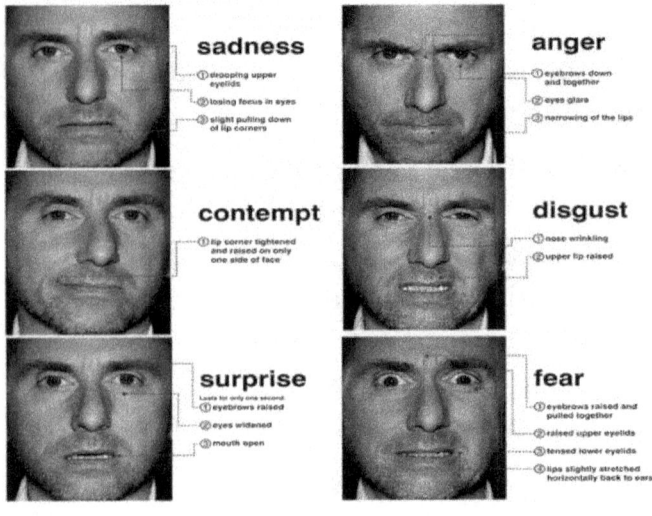

Estas microexpresiones son extremadamente rápidas, casi imperceptibles, y se perciben mejor cuando se pone a cámara lenta un vídeo de alguien que esté hablando.

A pesar de que son rápidas, puedes aprender a reconocerlas. Todo lo que debes hacer es prestar atención al rostro cuando alguien esté hablando. Las microexpresiones aparecen en la cara y desaparecen tan rápido como un flash. Si alguien dice "te quiero", frunce ligeramente el ceño y desaparece tan rápido como ha aparecido, en realidad puede que esté enfadado.

Puedes aprender a reconocer las microexpresiones si las practicas frente a un espejo. Realiza las expresiones faciales anteriormente citadas delante del espejo y date cuenta del movimiento de tus músculos faciales.

Esas mismas expresiones, aunque menos exageradas, salen a la luz en las microexpresiones. Te costará un poco de práctica, pero una vez que aprendas a localizarlas empezarás a notarlas cada vez más.

Otras formas de comunicación no verbal
La comunicación no verbal engloba cualquier forma de comunicación que no utilice las palabras.

La proxémica es la comunicación no verbal que se expresa a través de la distancia y del espacio personal; el paralenguaje es la utilización del tono, el volumen, la inflexión o la entonación para reforzar y proporcionar información extra mientras hablamos;y, por último, tambiénpodemos hablar de la háptica o ciencia del tacto. Nos encontramos con estas formas de comunicación durante el día y todos los días.

Un buen ejemplo de comunicación háptica es el apretón de manos, en el que según se dé y se mueva la mano transmite información que descifrarán las dos personas involucradas en ese apretón de manos.

Durante un abrazo, la información háptica verbaliza la receptividad de la persona que está siendo abrazada y cuándo un individuo está listo para terminar el abrazo. Interpretamos todas estas señales hápticas no verbales muchas veces al día.

La comunicación proxémica se indica mediante la distancia que dejamos entre algo u otros individuos del entorno.

Un ejemplo puede ser cuando alguien se interpone entre la salida y la persona con la que está hablando para dejar claro que no quiere que se marche su interlocutor, o cuando alguien da un paso hacia adelante o hacia atrás si tiene que enfrentarse a una situación negativa.

El paralenguaje tiene que ver con el refuerzo de la comunicación verbal. Cuando levantas la voz porque estás enfadado o porque quieres que se te escuche por encima de los demás o cuando alguien hace un ruido despectivo mientras habla o escucha se está utilizando el paralenguaje.

El paralenguaje puede ayudar a los demás a entender la intención de la comunicación no verbal, sin importar las palabras utilizadas.

Estos tipos de comunicación no verbal no tienen características específicas que debas aprender o recordar.

La mejor forma de dominar la comunicación no verbal es ser consciente de ella y buscarla durante las interacciones sociales. Intenta identificar los diferentes tipos de comunicación no verbal que suceden mientras interactúas con tu familia, amigos o compañeros de trabajo.

Cuanto más practiques la identificación de esta comunicación, más rápido serás capaz de reconocerla y analizarla.

Capítulo 3 - Señales y habilidades sociales

Las señales sociales reforzarán tus habilidades sociales, y tener don de gentes es de lo que trata el analizar a otras personas. Si puedes analizar a otras personas de forma efectiva y rápida, tendrás excelentes habilidades sociales que podrás utilizar cuando las necesites.

Reconocer las señales sociales te ayudará a comportarte como los otros esperan de ti, y esto siempre refuerza las habilidades sociales.

Cuando se ignoran las señales sociales, cualquier situación social llega a convertirse rápidamente en incómoda. Nadie quiere parecer torpe, pero cuando alguien no se percata de las señales sociales, normalmente le sigue una situación embarazosa.

Las señales sociales se manifiestan a través del lenguaje corporal, de los intercambios verbales y de indicios no verbales. Estas señales sociales te indican cómo va una interacción social, si el contacto es mutuo y agradable o si la situación e interacción no marcha muy bien.

Cuando un orador se dirige a su público, este confía en las señales sociales para notar las reacciones de la gente y actuar en consecuencia. No todos los oradores son buenos en lo que hacen porque no todos tienen en cuenta las señales sociales de la gente.

La audiencia también utiliza las señales sociales para decodificar la intención del orador, para descifrar si el orador es veraz, honesto, confiado o inseguro, y tomará decisiones sobre el orador y el discurso basadas en todas las señales que ha recibido.

Las señales sociales te pueden ayudar a controlar tanto las situaciones en grupo como las situaciones íntimas. Unas señales sociales sencillas como evitar el contacto visual o cruzar los brazos sobre el pecho te pueden decir que alguien no está interesado en una cita a ciegas. Así mismo, esas mismas señales te pueden informar de que tu nuevo compañero de trabajo es inseguro y está a la defensiva.

Cómo interpretes las señales sociales depende tanto del entorno y la situación como de las señales en sí mismas.

Si practicas para llegar a entender el lenguaje corporal y las señales no verbales, recibirás más información que otras personas que solo se fijen en las palabras que escuchan.

Conforme vayas analizando cada vez más señales sociales de otras personas, tus habilidades sociales se incrementarán y mejorarán de forma natural.

Lo mejor que puedes hacer mientras practicas para incrementar tus habilidades sociales es escuchar y prestar atención antes de actuar, reaccionar o tomar decisiones.

Cuando sabes interpretar las señales sociales de forma efectiva no hay necesidad de analizar conscientemente a todo el mundo que conozcas, puesto que en muchos casos es imposible debido a la falta de tiempo.

Aprender a analizar a otros tiene que ver sobre todo con interpretar sus intenciones, ¡sus intenciones son su modo de proceder!

Una vez que captes sus intenciones, interactuarás de forma natural y apropiada.

Unas buenas habilidades sociales te proporcionarán casi todo lo que deseas en la vida. Necesitamos a los demás para conseguir lo que queremos y necesitamos a los demás para ser felices.

Unas buenas habilidades sociales tienen el poder de atraer a la gente y hacerlas sentirse bien en nuestra compañía, y esto crea un vínculo, sin importar lo mucho o lo poco que hayas estado en contacto con esa persona en particular. Cuando creas un vínculo, dejas un pedacito de ti mismo dentro de esa persona y ese es el objetivo.

Si de verdad quieres obtener ese nuevo trabajo o quieres encontrar el amor de tu vida, vas a necesitar habilidades sociales.

Conclusión

Al principio no vas a poder analizar a todo el mundo sin equivocarte, pero ahora que tienes la información que necesitas para aprender el arte de analizar a otras personas, todo lo que necesitas es práctica.

Los detectives y los psicólogos son muy buenos analizando a los demás porque es su forma de ganarse la vida y han aprendido a hacerlo, por lo que solo necesitas un poco de paciencia para mejorar.

¡Has asimilado un montón de información sobre analizar a otras personas en menos de un día y tus habilidades son mejores que hace tan solo 24 horas!

Todos queremos ser mejores comunicadores y, en lo más profundo de nuestro corazón, todos queremos entender las intenciones de las personas que nos rodean y conforman nuestra realidad para que la vida sea mucho más fácil.

El objetivo de analizar a otros no debe ser

manipular a la gente para obtener lo que deseamos, sino que debemos obtener lo que necesitamos y deseamos porque hemos creado fuertes relaciones interpersonales y vínculos íntimos con los demás. La vida es infinitamente mejor cuando la compartimos con otros y nos preocupamos de los demás.

www.ingramcontent.com/pod-product-compliance
Lightning Source LLC
Chambersburg PA
CBHW070030040426
42333CB00040B/1417